So schmeckt's bei uns

Martina Meuth
Bernd Neuner-Duttenhofer

So schmeckt's bei uns

Das Begleitbuch
zur WDR Servicezeit:
Essen & Trinken

Redaktion der Sendung: Klaus Brock

© 2010 VGS
verlegt durch EGMONT Verlagsgesellschaften mbH,
Gertrudenstraße 30–36, 50667 Köln

© WDR, Köln
Agentur: WDR mediagroup licensing GmbH

Alle Rechte, insbesondere das Recht der Vervielfältigung und
Verbreitung, vorbehalten. Kein Teil des Werkes darf in irgendeiner
Form (durch Fotokopie, Mikrofilm oder ein anderes Verfahren)
ohne schriftliche Genehmigung des Verlages reproduziert oder
unter Verwendung elektronischer Systeme verarbeitet, vervielfältigt
oder verbreitet werden.

Redaktion: Cindy Witt und Susanne George
Umschlaggestaltung und Layout: Metzgerei Strzelecki, Köln
Bildnachweis:
Umschlagfoto vorn: Luca Siermann
Umschlagfotos hinten: Martina Meuth
Videograps: Imhoff Realisation, hergestellt von Openedit
Bilder S. 12/13, 24/25, 36/37, 50/51, 60/61, 70/71, 80/81, 90/91, 102/103,
110/111, 124/125, 136/137, 148/149, 162/163, 174/175: Martina Meuth

Satz: Achim Münster, Köln
Produktion: Simone Nauerth
Druck: Firmengruppe APPL, aprinta druck, Wemding
ISBN: 978-3-8025-3698-4

www.vgs.de

Inhalt

Vorwort		8
So schmeckt's bei uns!		10
In der Hauptrolle: Kartoffeln	Rahmkartoffeln	15
	Olivenölkartoffeln	15
	Brühkartoffeln	16
	Knusprige Kartoffeltaschen	17
	Gefüllter Kartoffelauflauf	18
	Knusprige Kartoffelbällchen	20
	Philippinischer Kartoffel-Hackfleisch-Topf (Picadillo)	22
Würzige Genüsse: Multikulti	Auberginenkaviar	27
	Kichererbsencreme	28
	Knoblauchpaste	29
	Paprikacreme	30
	Gefüllte Teigblätter	32
	Bulgur mit Huhn und Gemüse	33
	Baklava	34
	Türkischer Kaffee	35
Basis der Kochkunst: Zitronen	Salzzitronen	41
	Griechische Zitronensuppe	42
	Chinesisches Zitronenhuhn	44
	Zitronentarte	46
	Zitronenlikör	47
	Kandierte Zitronenschale	48
	Alkoholfreie Apfel-Sangria mit Zitrone	49

Schlanke Küche für Genießer	Miesmuscheln in Weißwein	53
	Blumenkohl-Auflauf	55
	Hähnchen mit Stangensellerie und wohlriechenden Pilzen	57
	Rind mit Zwiebeln, Spinat und Paprika	58
	Glasierte Äpfel	59
Das große Osterfrühstück	Rappeleier	63
	Oster-Gugelhupfe	64
	Gefüllte Omelettrolle	66
	Süße Omelettrolle mit Früchtequark	67
	Chinesische Tee-Eier	68
	Osternest aus Engelshaar	69
Frühlingsfreuden	Gebratener Spargel mit gebratenem Fisch und Bärlauchöl	73
	Salat aus rohem Spargel mit Kaninchenrücken	74
	Gekochter Spargel mit Kartoffel-Kerbel-Püree	75
	Spargel aus dem Wok	77
	Maibowle	78
	Rhabarberstäbchen mit Erdbeersalat	79
Sauce hollandaise	Grundrezept Sauce hollandaise	83
	Spinatgratin mit Champignons	85
	Sauce mousseline	86
	Sauce maltaise	87
	Sauce béarnaise	88
	Zabaione	89
Edel und leicht: Lachs	Japanisches Sashimi	93
	Lachscarpaccio mediterran	94
	Lachstatar mediterran	95
	Lachskoteletts auf Kartoffelschnee	98
	Pasta mit Lachs	99
	Lachsschnittchen mit Vanilleduft	100
Sommerliche Braten	Schweinefilet mit Olivencreme	105
	Kalbsschmorbraten in Weißwein	106
	Lamm am Stiel	109
Saftig, süß, unwiderstehlich: Feigen	Feigen in knusprigem Ausbackteig	113
	Mit Vanilleeis gefüllte Feigen in knusprigem Teig	115
	Feigen in Cognacrahm	116
	Gestürzte Feigentarte	117

	Feigen mit Schinken	120
	Crostini mit Feigen und Mozzarella	121
	Feigensenf	122

Mais und Polenta
- Grundrezept gegrillte Polentaschnitten ... 127
- Grundrezept cremige Polenta ... 127
- Kalbsnierchen in Senfsauce ... 128
- Gefüllte Polentaknödel ... 129
- Fischfilet in knusprigem Brotmantel ... 130
- Maiskölbchen mit Hähnchenbrust und Zucchini ... 131
- Maiskolben ... 132
- Maiskörner in buntem Salat ... 133
- Maiskekse mit Haselnüssen ... 135

Sauerkraut
- Sauerkrautsalat ... 140
- Grundrezept Sauerkraut gedünstet & gekocht ... 141
- Forelle auf Sauerkraut ... 142
- Kassler mit Honigduft auf Sauerkraut ... 144
- Sauerkrautpastetchen ... 145
- Röstinchen ... 146
- Schinkenröllchen mit Sauerkraut ... 147
- Sauerkrautsuppe ... 147

Alleskönner: Hackfleisch
- Polnische Piroggen ... 151
- Tschebureki mit Zwiebelmayonnaise ... 154
- Blinchiki ... 156
- Gefüllter Kohlkopf ... 158
- Rote-Bete-Salat ... 160
- Rote-Bete-Taschen ... 161

Ideal für viele Gäste: Geschmortes
- Ochsenschwanzragout ... 166
- Geschmorte Schweinsbäckchen ... 168
- Asienduftender Schweineschmorbraten ... 169
- Schmorhuhn in Weißwein ... 171
- Geschmorte Früchte in Rotwein ... 173

Weihnachtsmenü
- Tatar vom Räucherlachs mit Avocado und Limettengelee ... 177
- Unser Super-Weihnachtssteak ... 183
- Senfrisotto ... 184
- Radicchio-Fenchel-Orangen-Salat ... 185
- Panna cotta im Glas mit Bratapfelkompott und Pistazienkrokant ... 186

Register ... 188

Vorwort

Liebe Leserinnen und liebe Leser,

erst vor wenigen Tagen erreichte unsere Redaktion ein Brief einer Zuschauerin, die uns mitteilte, dass ihr bei einer Sendung Servicezeit: Essen & Trinken die Tränen gekommen seien. Nicht dass ihr die zelebrierten Rezepte unseres Kochduos Martina Meuth und Bernd Neuner-Duttenhofer missfielen – nein, es war vielmehr eine treffliche Anekdote über die Abneigung gegen Gerstensuppe, die ihre Erinnerung anregte und ihr Gemüt anrührte. Als Kind habe sie sehr gelitten, schrieb sie, musste sie doch allzu häufig Gerstensuppe essen und war nun froh, in Moritz einen Leidensgenossen gefunden zu haben.

Die vielen Reaktionen unserer Zuschauer sind für uns ein sicherer Gradmesser und ein Spiegelbild der Beliebtheit von Martina und Moritz bei einem breiten Publikum. In den Zuschriften werden häufig die variantenreiche Rezeptvielfalt und die immer neuen Ideen in der Küche gelobt. Wir in der Redaktion freuen uns über die Rückmeldungen unserer Zuschauer, die in den vergangenen Jahrzehnten buchstäblich mit der Sendung groß geworden sind. Viele schreiben, dass sie immer noch gerne dazulernen. Und leidenschaftliche Hobbyköche werden durch das Nachkochen der Rezepte beinahe zu echten Profis am Herd.

Dabei sind die dargebotenen Rezepte in der Regel einfach und werden von den Köchen mit launigen Worten, aber im ruhigen Ton deutlich erklärt – so bleiben diese auch beim Betrachter in Erinnerung. Gewiss, es mag sicher Kritiker geben, denen der didaktische Stil der Präsentation unseres Kochduos nicht immer behagt, und manche mögen das Format altmodisch finden. Dennoch meinen Fans und selbst ausgebildete Köche, die Sendereihe Servicezeit: Essen & Trinken sei eine der interessantesten und schönsten Kochsendungen.

Solches Lob freut natürlich das gesamte Team. Ohne den Charme von Martina und Moritz, ihrer nie endenden Entdeckerlust, der Kompetenz, der Vielseitigkeit und den immer nachvollziehbaren Rezepten und praktischen Küchentipps wäre dies jedoch nicht möglich. Bodenständiges Kochen steht hierbei stets im Vordergrund. Aber was bleibt – wie wir Fernsehmacher sagen – beim Zuschauer am Ende hängen? Sicher die Bilder aus der Sendung mit den fertigen, mit Kreativität und Fantasie hergestellten verschiedenen Gerichten – wobei auf Show-

effekte bewusst verzichtet wird. Damit die Kreationen für jedermann leicht nachzukochen sind, haben die TV-Köche Martina Meuth und Bernd Neuner-Duttenhofer auch in diesem Jahr ihre besten Rezepte im neuen Begleitbuch „So schmeckt's bei uns" in bewährter Form zusammengestellt. Darin haben Gerichte der „Multikulti-Küche" ebenso ihren Platz wie neue Ideen zu Kartoffeln, Zitrone, Mais, Sauerkraut oder Feigen. Und vielseitige, festliche Vorschläge zu den großen Feiertagen wie Ostern und Weihnachten dürfen ebenso wenig fehlen wie die kreativen Empfehlungen zu den vier Jahreszeiten.

Ich hoffe, Sie lesen dieses neue Begleitbuch „So schmeckt's bei uns" zur WDR Sendereihe „Servicezeit: Essen & Trinken – Kochen mit Martina und Moritz" mit großem Interesse, Spannung und mit viel Freude. Ich wünsche Ihnen nun vor allem: Gutes Gelingen!

Ihr Klaus Brock
Redaktion Servicezeit: Essen & Trinken

So schmeckt's bei uns

Liebe(r) Zuschauer(in), liebe(r) Leser(in),

man kann, so sagt das Sprichwort, über Geschmack nicht streiten. Nicht etwa, weil es nur einen „richtigen" Geschmack gibt, sondern weil die persönlichen Vorstellungen und Vorlieben der Menschen einfach zu unterschiedlich sind, um sich über einen Kamm scheren zu lassen. Nein, wir wollen nicht über Geschmack streiten, erheben keinerlei Anspruch auf Vollkommenheit oder gar Unfehlbarkeit. Auch beim Kochen gilt: Viele Wege führen nach Rom.

Aber wir beziehen Stellung. Wir versuchen zu begründen, warum wir etwas gerade so zubereiten, warum wir diese oder jene Methode nicht empfehlen, warum wir glauben, dass dies oder das so am besten schmeckt. Dabei stehen bei uns immer frische beziehungsweise unverfälschte Zutaten im Mittelpunkt. Was nicht bedeutet, dass auch wir uns nicht mancher Grundzubereitungen bedienen, die die Lebensmittelindustrie ebenso gut oder sogar besser herstellen kann, als es im Haushalt möglich ist. So ist etwa der Aufwand, Kartoffelklöße selbst zu machen, ziemlich groß. Da greifen dann auch wir auf das Fertigprodukt zurück; wie auch etwa beim Blätterteig (den allerdings kaufen wir meist in Frankreich, weil er da überall mit Butter zu haben ist und so viel besser schmeckt als der bei uns übliche Teig mit Margarine).

Und natürlich kaufen wir auch Spaghetti – wobei es hier sehr unterschiedliche Qualitäten gibt, die man sorgsam aussuchen muss. Nicht zu vergessen manche Würzsaucen, die gar nicht im Kleinen herstellbar sind, wie Worcestershire-, Soja- und Fischsauce. Das kann übrigens auch für Brot und Wurst gelten: Großbetriebe können, wenn sie sich spezialisiert haben und über die entsprechenden technischen Einrichtungen verfügen, oft bessere Produkte herstellen als kleine Handwerksbetriebe, wenn sie die ganze Angebotspalette abdecken müssen.

Wir kaufen also sehr bewusst ein – dies hier, jenes dort. Weil uns manches eben genau von diesem oder jenem Produzenten am besten schmeckt. Das kostet Zeit und oft auch Nerven, ist natürlich nicht so bequem wie die Fahrt zum Discounter oder dem nächsten Supermarkt, der alles an einem Platz bietet, was man für eine Woche braucht. Aber es ist doch schon der Weg das Ziel: Der Einkauf selbst bringt Vergnügen und gibt Gelegenheit, mit den Produzenten über ihre Arbeit zu sprechen, ihre Schwierigkeiten, ihre Erfolge, die Qualität ihrer Produkte. Wir lernen dadurch täglich!

Wir haben Spaß am Essen und Trinken, genießen gerne und freudig und denken gar nicht daran, uns terrorisieren zu lassen durch immer neue „wissenschaftliche" Untersuchungen und Meldungen über schädliche Stoffe, die unter bestimmten Bedingungen entstehen können, oder Lebensmittel, die angeblich besonders wirksam sind gegen diese oder jene Mangelerscheinung.

„Kulinarische Körperintelligenz" lautet das Schlagwort, das derzeit durch alle Gazetten und Sendungen geistert. Der Verfasser des gleichnamigen Buchs, Uwe Knop, empfiehlt: Jeder soll das essen, worauf er gerade Lust hat, und so viel sein Körper will – und alles wird gut. Wer würde das nicht gerne hören!

Im Prinzip hat er damit ja recht – auch wir haben schon immer behauptet, ein Mensch, der auf die Bedürfnisse seines Körpers hört und die vom Organismus ausgesandten Signale erkennt, ernähre sich mit Genuss, mit Lust und automatisch gesund. Aber: Das glückt nur dann, wenn er nicht bereits von der Lebensmittelindustrie abhängig gemacht wurde, wenn er sich nicht von den Zusatzstoffen (künstlichen, naturidentischen und natürlichen Aromen, Geschmacksverstärkern, Säuerungsmitteln und so weiter) täuschen lässt. Denn mit der Verwendung dieser Hilfsmittel werden die natürlichen Reaktionen manipuliert, alles verwirrt sich und die ursprünglich vorhandenen Instrumente des menschlichen Körpers zur Erkennung der richtigen Lebensmittel werden unbrauchbar.

Wer einmal in dieses unbarmherzig mahlende Werk der Industrie geraten ist, findet nur schwer heraus. Beispiel: Die meisten Kinder mögen keinen Naturjoghurt mit frischen Früchten mehr: Die mit Aromen angereicherten Fertigprodukte schmecken ihnen besser, weil sie lauter auftrumpfen. Und so ist es mit vielen Lebensmitteln!

Dies muss man berücksichtigen, wenn man behauptet, jeder gesunde Mensch könne sich richtig, gut und mit Lust ernähren! Pustekuchen! Das kann man nur, wenn man seine Sinne geschärft und geübt hat, nicht nur über eine recht pauschal definierte Körperintelligenz, sondern über wahre kulinarische Intelligenz und Kultur verfügt. Die erwirbt man – wie jede andere Kultur auch! – durch stetes Bemühen, Lernen und durch ständiges Trainieren. In unserem vergnüglichen Fall gelingt dies eben mit guten und frischen, also nicht industriell verarbeiteten und verfälschten Lebensmitteln.

Die lieben wir, die essen wir, von denen ernähren wir uns gerne. Deshalb: So schmeckt's bei uns!

Herzlich, Ihre Martina & Moritz

In der Hauptrolle: Kartoffeln

Kartoffeln – wahre Verwandlungskünstler
Neue Rezepte für die Super-Knolle

Kartoffeln sind unser Lieblingsgemüse! Wenn man mal von den vielen anderen Gemüsen absieht, die uns ebenfalls lieb sind ... Sie staunen? Weil Sie Kartoffeln eher für eine Sättigungsbeilage halten? Grundnahrungsmittel? Jawohl, Kartoffeln sind Gemüse, sie haben durchaus das Potenzial, in den Mittelpunkt zu rücken. Denn kaum ein Gemüse ist so vielseitig, lässt sich so unterschiedlich zubereiten und verwenden. Gottlob heißt es ja schon lange nicht mehr, dass sie Dickmacher seien. Die Menschen haben begriffen, dass es nicht die Kartoffel war, die sie in den goldenen Nachkriegszeiten satt und rund gemacht hat, sondern vielmehr das viele Fleisch und die üppigen Saucen. Wenn man den Kartoffeln die Hauptrolle zuweist und sie nicht als Beilage ein Nebendasein fristen lässt, wenn man ihnen frische, gute Zutaten beigesellt, dann erhält man köstliche Gerichte, die jeden freuen, die gesund und bekömmlich sind und einer modernen Ernährung entsprechen.

Salzkartoffeln & Co.

Salzkartoffeln sind ja immer ein wenig umstritten – wegen der vielen kostbaren Mineralstoffe, die man da angeblich mit der Schale schon vor dem Kochen weggeschnitten haben soll. Das allerdings ist wirklich ein Ammenmärchen – erfunden in den schlechten Zeiten der Weltkriege, um zu verhindern, dass man in den Haushalten allzu großzügig mit dem Grundnahrungsmittel Kartoffel umgeht und zu viel von den guten, nahrhaften Kartoffeln weggeworfen wird. Natürlich stecken die Vitamine und Mineralstoffe nicht nur unter der Schale, sondern in der gesamten Kartoffel. Heute dürfen wir uns also durchaus und ohne schlechtes Gewissen auch mal Salzkartoffeln gönnen. Hier ein paar Tipps, wie man aus schlichten Salzkartoffeln großartige Köstlichkeiten zaubert.

Rahmkartoffeln

Man kann sie einfach pur essen, mit einem Salat oder zusammen mit gedünsteten Möhren. Natürlich passen auch ein Kotelett oder knusprig gebratene Bouletten dazu!

1 Hierfür die Kartoffeln nicht in Würfel, sondern in fingerdicke Scheiben schneiden. In einen möglichst breiten Topf verteilen, salzen und zunächst mit etwas Wasser 10 Minuten vorkochen.

2 Das Wasser abgießen, dann die Sahne angießen. Behutsam zum Kochen bringen und zugedeckt auf ganz kleinem Feuer gar ziehen lassen. Das ist wichtig, weil sonst die Sahne ansetzt beziehungsweise zu leicht überkocht. Am Ende mit Zitronensaft, abgeriebener Zitronenschale und Muskat würzen.

ZUTATEN
Für zwei Personen:

400–500 g festkochende Kartoffeln
ca. ¼ l Wasser
Salz
250 g Sahne
Zitronensaft und -schale
Muskatnuss

VARIANTE:

Dillkartoffeln

Reichlich fein geschnittenen Dill unter die Rahmkartoffeln mischen. Schön säuerlich abschmecken! Passt gut zu Fisch – zum Beispiel einer gebratenen Seezunge oder auch zu Fischfilet, entweder gedämpft oder pochiert. Gut schmeckt dazu auch einfach eine Scheibe Gravad Lachs.

Olivenölkartoffeln

ZUTATEN
Für zwei bis drei Personen:

600 g mehlig kochende Kartoffeln
Salz
4–5 EL erstklassiges Olivenöl
eventuell 1 kleine Handvoll entsteinte Oliven und/oder 3–4 eingeweichte getrocknete Tomaten

Eine herrliche Variante, steht und fällt natürlich mit der Qualität des Olivenöls. Siehe auch unseren Tipp auf der folgenden Seite.

1 Die Kartoffeln schälen, würfeln und wie gewohnt in Salzwasser kochen, abgießen, frisches Olivenöl dazu und jetzt mit einem Stampfer teilweise zermusen. Es sollen noch Stückchen spürbar sein.

2 Eventuell entkernte, grob gehackte Oliven unterrühren, nach Belieben auch getrocknete Tomaten, zuvor eingeweicht, dann klein gewürfelt.

TIPP

Gutes Olivenöl – leider findet man das nicht selbstverständlich in jedem Supermarkt und schon gar nicht billig beim Discounter. Sicher geht man am ehesten, wenn man beim Weinimporteur einkauft. Denn die italienischen Winzer, die oft selber Öl produzieren, würden gewiss nicht ihren guten Namen mit miesem Öl ruinieren. Wichtig ist immer der Blick aufs Kleingedruckte auf dem Etikett: wenn dort steht, dass das Öl in einer Ölmühle (frantoio) produziert (prodotto oder englisch produced) und (e oder and) abgefüllt (imbottigliato/bottled) wurde, kann man ziemlich sicher sein, dass das Öl unverfälscht und guter Qualität ist.

Brühkartoffeln

In diesem Fall festkochende Kartoffeln nehmen, sie schälen, in gleich große Stücke schneiden und mit guter Brühe aufsetzen. Auf ganz kleinem Feuer langsam gar ziehen lassen. Zuvor allerdings erst einmal eine Brühe ansetzen.

1 Das Fleisch in einen Suppentopf legen, die geschälten Möhren, das gewaschene Stück Lauch, das geschälte Sellerieviertel und die von den Blättern befreiten Petersilienstiele zufügen, alles mit Wasser bedecken und langsam zum Kochen bringen. Die Pfefferkörner und das Salz zufügen. Wenn alles einmal aufgewallt hat, die Hitze herunterschalten. Und sobald sich der Schaum gelegt hat – bitte ihn auf keinen Fall abschöpfen, er dient dazu, die Brühe zu klären! –, den Deckel aufsetzen und das Fleisch etwa 2 bis 3 Stunden leise ziehen lassen.

2 Sobald das Fleisch gar ist, die inzwischen geschälten Kartoffeln hinzufügen. In dieser Brühe garen.

3 Servieren: Das Fleisch herausheben, in Scheiben schneiden, auf einer Platte anrichten, die Kartoffeln danebenhäufen, Möhren und Sellerie in Scheiben schneiden und ebenfalls auf die Platte betten. Zum Schluss nach Belieben mit Fleur de Sel oder grobem Meersalz würzen.

ZUTATEN
Für zwei bis vier Personen:

500 g Brustkern oder Ochsenwade
1–2 Möhren
1 Lauchstange (nur das Weiße)
¼ Sellerieknolle
3–4 Petersilienstiele
1 TL Pfefferkörner
½ TL Salz
5–6 möglichst kleine Kartoffeln gleicher Größe
grobes Meersalz oder sogar Fleur de Sel

Knusprige Kartoffeltaschen

Die sehen nicht nur pfiffig aus, sie schmecken auch so und sind ein origineller Happen zu einem Glas Wein oder auch, zusammen mit einem Salat, ein kleiner Imbiss.

1 Die Kartoffelmasse wie beschrieben herstellen, 2 Esslöffel Püree für die Salatvinaigrette beiseitestellen, nur ½ Ei verquirlt in die Masse kneten, die andere Hälfte brauchen wir zum Zukleben der Teigtaschen.

2 Je 1 Teelöffel Füllung auf eine Ecke des Teigquadrats setzen, die leere Hälfte mit verquirltem Ei einpinseln und darüberklappen, die Dreiecke rundum gut zusammendrücken. Vor dem Servieren die Teigtäschchen schwimmend in heißem Öl ausbacken und auf Küchenpapier dann gründlich abtropfen lassen.

3 Den Salat wie beim Auflauf beschrieben vor- und zubereiten. Zum Servieren den Salat auf Tellern hübsch anrichten. Die knusprigen Teigtaschen obenauf setzen. Sofort servieren, solange die Täschchen noch warm sind, aber den Salat noch nicht durch ihre Wärme angegriffen haben.

BEILAGE
Frisches Brot genügt schon.

GETRÄNK
Ein herzhafter Weißwein oder auch ein Pils.

ZUTATEN
Für sechs Personen:

½ Portion Kartoffel- Hackfleisch-Masse (wie im Rezept für die Kartoffelbällchen [Seite 20] beschrieben)
1 Paket Wan-Tan-Hüllen
(aus dem Asienladen)
Öl zum Frittieren
Salat (wie zum Rezept Auflauf beschrieben)

TIPP

Die Täschchen für die Party schon ruhig Stunden vorher fertigstellen, zum Servieren nebeneinander auf ein Backblech setzen und im heißen Ofen (ca. 180 bis 200 °C) einige Minuten aufbacken und wieder kross werden lassen.

Gefüllter Kartoffelauflauf

ZUTATEN

Für sechs Personen:

2 kg mehlig kochende Kartoffeln
ca. 500 ml Milch
1 TL Salz
Muskatnuss
Pfeffer
2 Eier
500 g frisches Sauerkraut
(nicht aus der Dose!)
1 Zwiebel
2 EL Olivenöl
1–2 Knoblauchzehen
½ Glas Weißwein
2 EL Butter für die Form
2 EL Semmelbrösel
ca. 300 g frische (also ungeräucherte) Leberwurst und 300 g frische (ungeräucherte) Blutwurst (Flöns)

Außerdem:
1 Friséesalat
1 Radicchiokopf
½ Endivie
1 Chicoréestaude

Kartoffelvinaigrette:
2 EL Kartoffelpüree
1 kleine Zwiebel
3 EL milder Apfelessig
Salz, Pfeffer
Muskat
½ TL getrockneter Majoran
1 Schuss heiße Brühe
2–3 El Olivenöl

Dafür stellen wir zunächst ein Kartoffelpüree her, das kräftig gewürzt und mit einem Ei vermischt wird; es soll ihm später im Auflauf Standfestigkeit verleihen. Ein Kartoffelpüree macht nicht viel Mühe – ob man die Kartoffeln dafür durch die gute alte Presse drückt oder sie lieber zerstampft, ist Geschmackssache. Manchem machen die Stückchen Spaß, die beim Stampfen oftmals bleiben, weil man was zu beißen hat. In jedem Fall gibt es eine ganz wichtige Regel für die Zubereitung von Kartoffelpüree: Die Kartoffeln müssen sofort nach dem Kochen zerdrückt oder gestampft werden. Selbst wenige Minuten Stehen lässt ihre Stärke derart abbinden, dass man sie selbst mit Riesenkräften nicht mehr zermusen kann. Den Mixer oder Pürierstab darf man auf keinen Fall zu Hilfe nehmen, weil dann durch die Stärke ein klebriger Leim entsteht, aber nie ein duftiges, lockeres Kartoffelpüree.

1 Die Kartoffeln schrubben, dann mit wenig Wasser auf mittlerem Feuer gar kochen. Abgießen, sofort pellen und durch die Presse in den Topf drücken, indem bereits etwa zwei Drittel der Milch erhitzt wurden. Vom Kartoffelschnee zwei Esslöffel abnehmen und für die Vinaigrette beiseitestellen. Die durchgepressten Kartoffeln im Topf sofort salzen – mit Muskat und Pfeffer erst am Ende würzen. Mit einem Holzlöffel die Kartoffeln in der heißen Milch glatt rühren, mit der restlichen Milch eventuell verdünnen. Das Püree sehr kräftig abschmecken. Erst jetzt das Ei einarbeiten.

2 In der Zwischenzeit das Sauerkraut zubereiten: Wenn nötig (falls es sehr sauer ist), kurz unter fließendes Wasser halten, dann gut ausdrücken. Die Zwiebel fein würfeln, im heißen Öl in einem flachen, breiten Topf andünsten, den durch die Presse gedrückten oder mit der Messerschneide zerquetschten, dann rasch gehackten Knoblauch zufügen. Das Sauerkraut untermischen, den Wein angießen. Das Kraut jetzt zugedeckt nur kurz, höchstens 10 bis 20 Minuten leise simmern lassen.

3 Eine Auflaufform mit Butter ausstreichen, die Brösel hineinschütten, die Form jetzt drehen und schütteln, bis die Wände und der Boden überall davon hauchdünn bedeckt sind. Die Hälfte des Kartoffelpürees in der Form glatt streichen, darauf das Sauerkraut verteilen. Die Wurst aus der Pelle drücken, in Scheiben schneiden und auf diesem Bett gleichmäßig anordnen. Nach Gusto gemischt oder nach Sorten getrennt: rechts Leberwurst, links Blutwurst. Jetzt das restliche Püree darüber verteilen und die Oberfläche schön flach streichen.

4 Die Form in den 180 °C heißen Ofen schieben (Heißluft; Ober-/Unterhitze 200 °C) und den Auflauf etwa 40 Minuten backen, bis die Oberfläche golden geworden ist und er rundum an den Rändern brodelt.

BEILAGE
Ein Salat aus Frisée, Radicchio, Endivie und Chicorée – die Blätter dafür waschen, zerzupfen oder grob zerschneiden, den Chicorée schräg in knapp fingerbreite Scheiben schneiden. Für die Vinaigrette das Kartoffelpüree mit sehr fein gewürfelter Zwiebel, Essig, Gewürzen, zerrebeltem Majoran und Brühe mit einer Gabel glatt rühren, das Öl unterrühren und nochmals schön säuerlich abschmecken. Die Salatblätter damit anmachen.

GETRÄNK
Ein würziger, also nicht zu junger Silvaner, beispielsweise aus Franken, etwa vom Weingut Fürst.

Knusprige Kartoffelbällchen

Ein hübscher Leckerbissen zum Aus-der-Hand-Essen, beim Fernsehen oder zum Aperitif. Die Bällchen schmecken frisch aus der Pfanne, man kann sie aber auch kalt servieren.

1 Zunächst ein Kartoffelpüree herstellen, wie im Rezept für den Kartoffelauflauf beschrieben (Seite 18), es darf ruhig sehr fest sein. Kräftig mit Salz, Pfeffer und Muskat würzen und etwas abkühlen lassen.

2 Unterdessen die Zwiebel fein würfeln, mit dem gehackten Knoblauch im heißen Öl weich dünsten, ohne zu bräunen. Zum Schluss die fein gehackte Petersilie untermischen.

3 Die Eier verquirlen, in einem Teller bereitstellen. Ein Viertel davon zusammen mit der Zwiebelmasse und dem Hackfleisch, ein weiteres Viertel unter das Kartoffelpüree mischen. Alles gründlich miteinander verkneten und gut würzen, mit Bockshornklee und/oder mit Raz el Hanout einen orientalischen Duft verleihen. Jetzt mit angefeuchteten Handflächen walnussgroße Bällchen formen, sie zuerst im restlichen verquirlten Ei drehen, dann in Semmelbröseln wenden, bis sie davon gleichmäßig dünn überzogen sind.

4 Die Bällchen in heißem Fett schwimmend golden ausbacken. Besonders knusprig werden sie, wenn man sie zuerst nicht ganz fertig bäckt, dann heraushebt, kurz abkühlen lässt und schließlich ein zweites Mal im heißen Fett frittiert. Auf Küchenpapier abtropfen lassen.

5 Für den Mojo, die chilischarfe Knoblauchmayonnaise, die Knoblauchzehen schälen, mit der Messerklinge zerklopfen, zusammen mit Eigelb und Senf (alles sollte die gleiche, möglichst Zimmertemperatur haben) samt Salz, Pfeffer, Cayennepfeffer oder Paprikapulver und Habanerochili in einen Mixbecher füllen und zunächst mit dem Pürierstab zermusen. Dann erst nach und nach das Öl (muss ebenfalls dieselbe Temperatur haben, damit die Mayonnaise gut bindet!) zugießen und die Sauce dick und schaumig aufschlagen. In ein Schälchen füllen und zu den gebackenen Kartoffelbällchen reichen.

ZUTATEN
Für sechs Personen:

500 g Kartoffeln
ca. 125 ml Milch
Salz, Pfeffer
Muskatnuss
1 Zwiebel
1 Knoblauchzehe
2 EL Olivenöl
1 Handvoll Petersilienblätter
2 Eier
500 g Hackfleisch
(nach Belieben vom Rind, vom Schwein, gemischt oder auch vom Lamm)
1 gestrichener TL gemahlener Bockshornklee oder Raz el Hanout (orientalische Gewürzmischung)
1 Msp. Chilipulver
100 g Semmelbrösel
Öl oder Schmalz zum Ausbacken

> ## TIPP
> *Sollte trotz aller Vorsicht die Mayonnaise nicht binden, sondern sich trennen, das heißt, das Fett sich absetzen, einige Tropfen heißes Wasser mitmixen. Dann fügt sich meist alles wieder zu einer schönen Creme zusammen. Falls nicht: Mit einem frischen Eigelb von vorn beginnen, es zunächst mit dem Mixstab cremig aufmixen, dann nach und nach die verunglückte Mayonnaise zufügen und so lange mixen, bis alles wieder schön geschmeidig ist.*

GETRÄNK
Der Aperitifsekt, ein trockener Sherry oder auch ein Bier.

Mojo
(chilischarfe Knoblauchmayonnaise):
4 Knoblauchzehen
2 Eigelb
2 EL Dijon-Senf
Salz, Pfeffer
1/4 TL Cayennepfeffer
oder 1 TL Paprikapulver
1 Msp. gemahlener Habanerochili
6 EL erstklassiges Olivenöl

Philippinischer Kartoffel-Hackfleisch-Topf (Picadillo)

Tatsächlich sind Kartoffeln rund um den Erdball beliebt, auch wenn man sie in Asien nicht so häufig verwendet wie in Europa. Auf den Philippinen ist das anders, schließlich wurde die Küche dort von den Einwanderern aus Spanien geprägt. Und die Mischung mit den fernöstlichen Düften tut den Kartoffeln überaus gut. Ein herrliches Gericht, das man gut vorbereiten kann, auch für eine größere Runde – das richtige Partyessen!

1 Die Zwiebeln fein würfeln und in einem ausreichend großen Topf im heißen Kokosöl andünsten. Den geschälten und mit der Messerklinge zerklopften Knoblauch zufügen, ebenso den fein gewürfelten Ingwer sowie die winzig gewürfelten Chilis. Erst wenn alles duftet und sanft gebräunt ist, das Hackfleisch zufügen und so lange unter Rühren schmurgeln, bis es seine rote Farbe ganz verloren hat.

2 Unterdessen die Kartoffeln schälen, in zentimeterkleine möglichst akkurate Würfel schneiden, in den Topf geben und jetzt 1 Glas Wasser angießen. Alles salzen und pfeffern und zugedeckt auf kleinem Feuer etwa 10 Minuten leise schmurgeln lassen.

3 Inzwischen die Okraschoten putzen (nur den Stielansatz kappen) und schräg in fingerdicke Stücke schneiden. In etwas Kokosöl in einer Pfanne kräftig anbraten – das verschließt die Schnittstellen, und es tritt kein unschöner, klebriger Saft aus, außerdem schmecken die Okras so einfach besser. Sie noch in der Pfanne salzen und pfeffern. Falls man keine frischen Okra bekommen kann – die aus der Dose sind leider kein richtiger Ersatz –, lieber frische grüne Bohnen verwenden. Diese putzen, klein schneiden und in gut gesalzenem Wasser bissfest vorkochen. Eiskalt abschrecken, damit die schöne Farbe bleibt.

ZUTATEN
Für sechs Personen:

2 Zwiebeln
2 gehäufte EL Kokosöl (siehe Tipp)
4 Knoblauchzehen
1 walnussgroßes Stück Ingwer
1–2 frische Chilischoten
(Schärfe nach eigenem Gusto)
750 g Hackfleisch
750 g festkochende Kartoffeln
Salz, Pfeffer
500 g Okraschoten
oder grüne Bohnen
200 g gekochte Bohnenkerne
500 ml Kokossahne (Tetrapack)
2–3 reife Fleischtomaten
(oder 1 kleine Dose pelati)
Zitronensaft
Sojasauce
thailändische Fischsauce
Koriandergrün

4 Okras oder grüne Bohnen zusammen mit den vorgekochten Bohnenkernen in den Topf geben. Mit Kokossahne auffüllen. Jetzt darf alles sanft gar köcheln. Erst wenn die Kartoffelwürfel weich sind, kommen die geschälten, entkernten und gewürfelten Tomaten dazu. Am Ende wird der Picadillo mit Zitronensaft, Soja- und Fischsauce abgeschmeckt und viel Koriandergrün eingerührt.

BEILAGE
Duftiger Jasminreis.

GETRÄNK
Zu den fruchtigen Noten im Eintopf passt auch ein fruchtiger Wein; zum Beispiel ein Zweigelt aus Österreich.

TIPP
Kokosöl bitte nicht verwechseln mit Kokosfett, diesen weißen Platten, die oft zum Frittieren empfohlen werden – dabei handelt es sich übrigens um ein sogenanntes Transfett, das auf chemischem Weg hergestellt wird und für den Körper eher schädliche Wirkstoffe in sich birgt. Kokosöl wird vielmehr aus dem Fleisch frischer Kokosnüsse hergestellt und ist ein besonders bekömmliches und wertvolles Koch- und Bratfett. Obwohl es als Öl bezeichnet wird, ist es eher fest und wird erst ab 25 °C flüssig. Es hat einen wunderbar aromatischen Kokosgeschmack und man bekommt es in Bioläden und Reformhäusern.

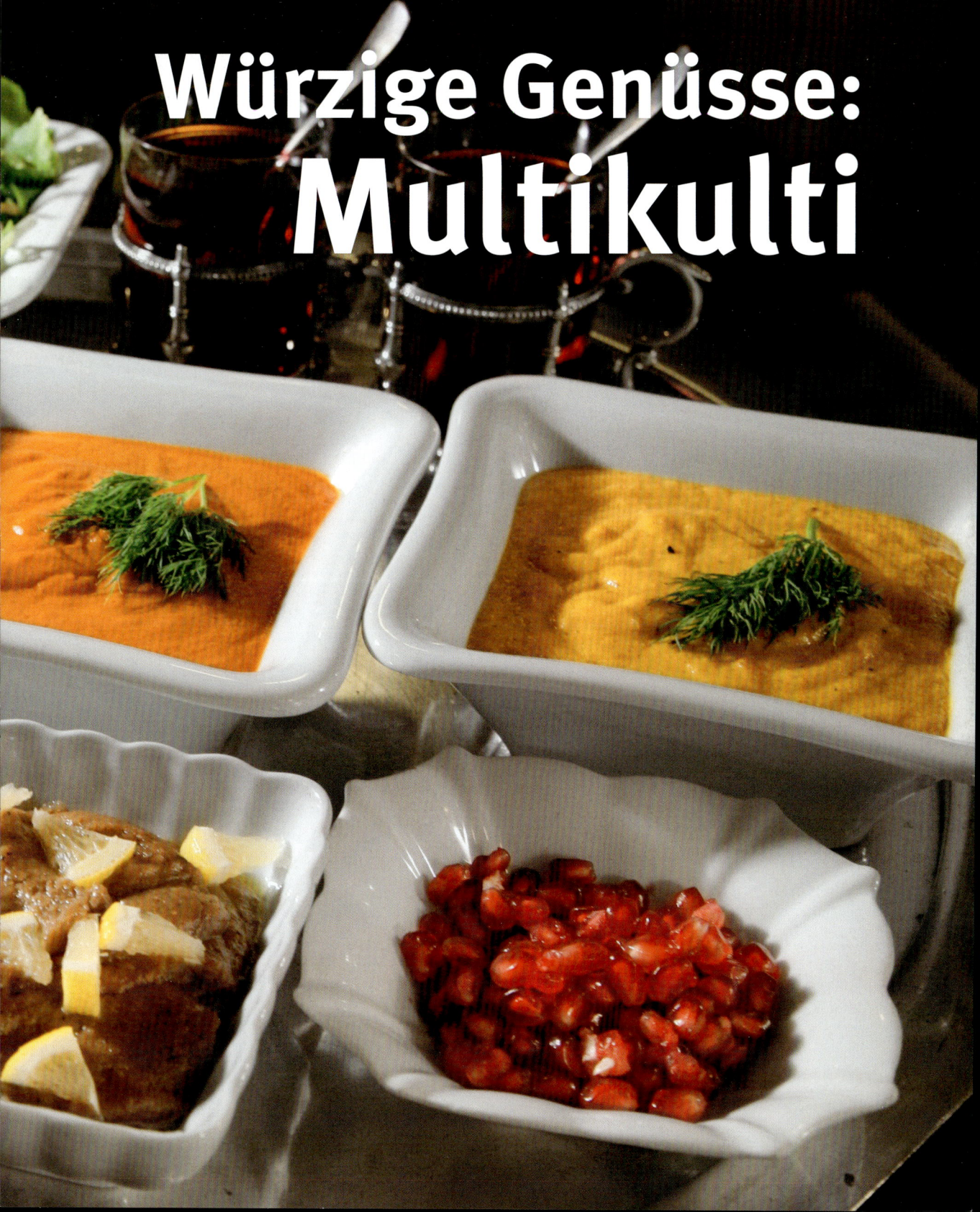

Würzige Genüsse: Multikulti

Multikulti: Kochen mit neuen Ideen
Unseren ausländischen Mitbürgern in den Topf geschaut

Beim Blick in fremde Kochtöpfe kann man immer lernen. Besonders in Sachen Gemüse – darauf legen unsere ausländischen Mitbürger im Gegensatz zu uns nämlich besonderen Wert: Sie entwickeln auf diesem Gebiet mehr Fantasie und kennen eine Fülle interessanter Gerichte.

Und: Sie geben sich im Allgemeinen nie mit einem einzigen Hauptgericht zufrieden, sondern man zelebriert das Essen lieber als ausführliche und möglichst üppige Speisenfolge. Das sollten wir ihnen abgucken – schließlich macht es Spaß, wenn sich alle um den Tisch versammeln, dann ist Zeit und Gelegenheit, alles zu besprechen, was wichtig (oder auch unwichtig) ist; vor allem schwierige (zum Beispiel Schul-)Probleme lassen sich leichter am Esstisch lösen als zwischen Tür und Angel. In der türkischen, griechischen, arabischen Küche – also im südöstlichen Teil rund um das Mittelmeer – beginnt die Mahlzeit immer mit einer vielfältigen Auswahl von Vorspeisen. Mezze sagt man in der Türkei dazu, Mese auf dem Balkan. Das muss nicht aufwendig sein und schon gar nicht teuer. Denn die Grundzutaten dafür sind einfach. So kann man es sich allemal leisten, solche Dips und Aufstriche auf Vorrat im Haus zu haben und gewappnet zu sein, wenn Gäste vorbeigucken und man einen Happen zum Glas Wein braucht.

Würzige Cremes & Pasten

Zum Beispiel würzige Cremes und Pasten, die man sich gern aufs Pitabrot streicht; sie entstehen vorzugsweise aus Gemüse oder Hülsenfrüchten. Und da gibt es unendlich viele Möglichkeiten. Erfreulicherweise machen sie bei der Zubereitung nicht viel Mühe, und man kann sie auf Vorrat herstellen – so steht immer für einen Imbiss zwischendurch was Gutes im Kühlschrank bereit.

Auberginenkaviar

Schmeckt herrlich frisch und gelingt vor allem besonders cremig, wenn man zur besseren Bindung Sesampaste mitmixt. Das gibt Geschmack und macht die Creme dicht und würzig. Kaviar heißt diese Creme, weil die Kernchen der Auberginen sich im Mixer nicht zerkleinern lassen und so an Kaviarkügelchen erinnern.

1 Die Auberginen auf einem Stück Alufolie in den 200 bis 250 °C heißen Ofen (Heißluft; Ober-/Unterhitze 220 bis 280 °C) legen und so lange backen, bis sie weich sind; dann sind sie richtig eingefallen und ihre Haut ist dunkelbraun geworden. Das dauert je nach Dicke und Größe der Früchte und nach Ofenhitze ca. 15 bis 25 Minuten.

2 Das Fruchtfleisch mit einem Löffel aus der Schale streifen und mit Knoblauch, Frühlingszwiebeln, Sesampaste, den Gewürzen, Zitronensaft, den Petersilien- oder Korianderblättern sowie der Prise Zucker zur cremigen Paste mixen, dabei langsam so viel Olivenöl hinzufließen lassen wie nötig. Gut abschmecken. In einem Schälchen aufhäufen, mit grob gehackten Oliven und schwarzem Sesam sowie mit Korianderblättern dekorieren.

ZUTATEN

Für sechs bis acht Personen:

2 Auberginen
3–4 Knoblauchzehen
2 Frühlingszwiebeln
2 gehäufte EL Tahini
(Sesampaste aus dem Asienladen)
Salz, Pfeffer
½ TL gemahlener Kreuzkümmel
1 Msp. Harissa
(oder eine andere Chilicreme)
1 Zitrone
1 kleines Händchen Petersilien-
oder Korianderblätter
1 Prise Zucker
bis zu 125 ml Olivenöl
einige Oliven und schwarzer Sesam
zum Dekorieren

Kichererbsencreme

Man kann für diese vielseitigen und wandlungsfähigen Aufstrichpasten geradezu jedes Gemüse als Basis nehmen. Besonders gut eignen sich Hülsenfrüchte, die dank ihrer Mehligkeit eine stabile Creme ergeben, wie weiße Bohnen, Linsen oder auch Kichererbsen.

1 Die getrockneten Kichererbsen muss man unbedingt bereits am Vortag einweichen, dann brauchen sie immer noch mindestens 1 bis zu 3, sogar 4 Stunden Kochzeit, bis sie endlich weich sind – es hängt davon ab, wie alt sie sind ... Kichererbsen aus der Dose machen natürlich weniger Mühe, schmecken aber auch nicht ganz so gut. Unbedingt das Kochwasser salzen, sonst schmecken die Kichererbsen fad.

2 Inzwischen Knoblauch, Zwiebeln und Chilischote würfeln, in etwas Olivenöl andünsten, ohne zu bräunen. Mit den weichen Kichererbsen in den Mixer füllen, pfeffern, Tahini zufügen, Cayennepfeffer oder Harissa sowie Zitronensaft. In den laufenden Mixer einen guten Schuss Brühe und nach und nach Olivenöl hinzufügen, bis alles schön cremig ist.

3 Die Creme in eine Schüssel häufen, mit Petersilie oder Koriander garnieren und mit Granatapfelperlen bestreuen.

ZUTATEN
Für sechs bis acht Personen:

250 g getrocknete (oder 1 Dose) Kichererbsen
Salz, Pfeffer
2–4 Knoblauchzehen (je nach Größe)
1 Zwiebel
1 Chilischote
2 EL Olivenöl
2 EL Tahini (Sesampaste)
Cayennepfeffer oder Harrissa
1 Zitrone
1 guter Schuss Brühe
ca. 125 ml Olivenöl
Koriandergrün oder Petersilie
1 Granatapfel

TIPP

Granatäpfel sind köstlich: Die Frucht am besten am sternförmigen Blütenende rundum einritzen, sodass eine Art Kappe abgetrennt wird. Dann mit einem spitzen Messer Segmente anritzen, wie man das bei einer Orange macht. So lässt sich die feste Fruchtschale öffnen. Dabei vorsichtig sein, damit ihr Saft keine hartnäckigen Flecken auf der Bluse hinterlässt. Die granatroten Fruchtfleischperlen mit ihrem frischen, parfümierten Geschmack haben einen Kern, den man mitisst und der mit seiner Gerbsäure der eigentlich unerträglichen Süße einen herben Akzent verleiht.

Knoblauchpaste

Dafür möglichst den rosa Knoblauch aus Frankreich verwenden, er schmeckt am besten.

1 Den Knoblauch schälen, grob hacken und in etwas Olivenöl sanft weich dünsten, ohne Farbe nehmen zu lassen, dabei mit Salz, Pfeffer, Cayennepfeffer und Raz el Hanout würzen. Die zerdrückten Walnusskerne zufügen und mitdünsten.

2 Schließlich alles im Mixer oder mit einem Mixstab pürieren, mit dem Saft von ½ Zitrone, Balsamico und Sumak abschmecken und so viel Olivenöl zufügen, dass eine würzige, duftende Creme entsteht. Mit Würfeln von Zitrone und nach Belieben auch mit schwarzem Sesam dekorieren.

ZUTATEN
Für sechs Personen:

2–3 Knoblauchknollen
2 El Olivenöl
Salz
Pfeffer
Cayennepfeffer
etwas Raz el Hanout
1 Handvoll Walnusskerne
1 Zitrone
1 EL Balsamico
1 Msp. Sumak
(siehe Küchentipp Seite 31)
ca. 125 ml Olivenöl
schwarzer Sesam zur Dekoration

Paprikacreme

Dafür nimmt man entweder gelbe oder rote Paprika, also ausgereifte Früchte – sie haben mehr Aroma als die grünen. Am schönsten: gleich zweierlei Cremes herstellen – aus gelber und roter. Besonders gut schmecken die süßen spitzen Paprika oder die großen quadratischen aus Italien.

1 Die Paprikaschoten zunächst an der offenen Flamme oder auf einem Stück Alufolie im knalleheißen Ofen rösten (etwa 10 bis 20 Minuten lang bei 250 °C), bis sich die Haut schwarz färbt und abziehen lässt.

2 Die Zwiebel würfeln, in etwas Öl andünsten, ruhig ein wenig rösten, also Farbe nehmen lassen, Knoblauch zufügen und mitdünsten. Den Paprikaschoten die Haut abziehen, sie dabei öffnen, den Saft auffangen, aber alle Kerne und inneren Trennhäute entfernen. Mit Zwiebel und Knoblauch glatt mixen, dabei den aufgefangenen Saft zufügen, mit Salz, Pfeffer und Bockshornklee würzen, die entkernte Chilischote und den Zitronensaft mitmixen und einen guten Schuss Olivenöl zur Bindung und für den Geschmack. Mit einem Dillzweiglein dekorieren.

ZUTATEN
Für sechs Personen:

2 rote oder gelbe Paprika
1 große Zwiebel
2 EL Olivenöl
3–4 Knoblauchzehen
Salz, Pfeffer
nach Belieben
1–2 frische Chilischoten
1 Msp. Bockshornklee
und/oder Zitronensaft
etwas Olivenöl zum Mixen
Dill zum Dekorieren

BEILAGE
Zu den farbenfrohen, duftenden Cremes & Pasten passt reichlich Fladenbrot oder frisches Baguette, jeder streicht sich auf seinen Bissen von den verschiedenen Pasten.

GETRÄNK
Karkadeh, wie man ihn in den arabischen Ländern liebt, der leuchtend rote Malventee, auch Hibiskus genannt. Man kann ihn kalt (mit Eiswürfeln und Zitronenscheibe) trinken oder heiß. Aber natürlich geht auch ein Pils oder der Aperitifwein, zum Beispiel ein trockener Muscat aus dem Elsass oder ein Muskateller aus Baden.

Küchentipp: Orientalische Gewürze

Immer müssen diese Pasten kräftig gewürzt sein, mit den typisch arabischen, türkischen, orientalischen Gewürzen: Die Düfte des Orients – das sind die uns vielleicht schon vertrauten Gewürze wie Kreuzkümmel, Koriander, Nelken, es gehört Zimt dazu, Muskat, Macis, Chili und Pfeffer, aber auch Exotischeres, wie Bockshornklee, Sumak oder schwarzer Sesam. An frischen Kräutern vor allem glatte Petersilie, Dill, Koriandergrün und Minze. Natürlich nicht immer alles auf einmal, stets abgestimmt auf die jeweilige Hauptzutat. Hier ein kleiner Überblick:

Bockshornklee

Die Pflanze, die zu den Hülsenfrüchten zählt, dient als Bodenverbesserer und wird als Futterpflanze angebaut. Ihr kleiner, senfgelber eckiger Samen ist ein wichtiger Bestandteil des indischen Currys. Auch in den Küchen des Nahen Ostens liebt man den eindeutigen, charakteristischen Duft, bei uns nutzt man eher seine Heilkraft. Gemahlen ergibt der Samen ein duftendes Gewürz, das gut zu Kartoffelgerichten passt, Hülsenfrüchte würzt und überhaupt hellen Suppen und Saucen ein verführerisches Parfum verleiht.

Sumak oder Sumach

Ein Gewürz, das für die türkische und persische Küche wichtig ist, es gibt einen säuerlichen frischen Geschmack. Hellroter Sumak besteht ausschließlich aus den getrockneten, entkernten Früchten und ist sehr intensiv. Dunkler Sumak wurde mit Kernen gemahlen. Oft wird er mit Salz vermischt, zur besseren Haltbarkeit und zur (billigen) Erhöhung des Gewichts.

Schwarzer Sesam

Er wird auch Schwarzkümmel genannt – auf Englisch auch black onion seeds. Die Samen einer einjährigen Pflanze, die in Südeuropa und Westafrika vorkommt. Man verwendet sie in der Medizin, aber auch als ein pfeffriges Gewürz, das weder mit Sesam noch mit Kümmel, auch nichts mit Zwiebeln zu tun hat. Man verwendet es vor allem in der türkischen Küche, streut es aufs Fladenbrot oder über helle Cremes und Pasten, denen es so Farbe, Duft und Biss verleiht.

Gefüllte Teigblätter

Dafür kauft man die hauchdünnen Blätter im türkischen Feinkostladen fertig, sie liegen im Kühlregal – manchmal gibt es sie auch tiefgekühlt. Man bekommt verschiedene Sorten: papierdünne Filoteigblätter und die etwas dickeren Yufkablätter. Für unser Rezept kann man beides verwenden.

1 Die Kartoffeln in der Schale gar kochen, dann noch heiß pellen und mit einer Gabel zerdrücken. Etwas Olivenöl hinzufügen, mit Salz, Bockshornklee, Muskat und Cayennepfeffer würzen. Den Spinat auftauen, mit einem Messer fein hacken. Die Zwiebel fein würfeln und mit dem gehackten Knoblauch in etwas Öl weich dünsten. Spinat untermischen und kräftig würzen, mit Salz, Pfeffer, Raz el Hanout und Muskat. Den Schafskäse zerkrümeln.

2 Joghurt, Eier und Milch verquirlen und kräftig mit Salz, Pfeffer und Bockshornklee würzen.

3 Eine Auflaufform mit Olivenöl ausstreichen. Ein Teigblatt als Boden so hineinlegen, dass es auf zwei Seiten weit übersteht – notfalls zwei Blätter nehmen und am Boden übereinandergreifen lassen. Einige Esslöffel Joghurtcreme darauf verteilen, dann als Füllung einen Teil der zerdrückten Kartoffeln daraufgeben. Darüber einen Teil des Spinats sowie zerkrümelten Schafskäse streuen. Einige Löffel Joghurtcreme darüber verkleckern. Jetzt wieder ein Teigblatt auflegen, Joghurtcreme darauf verstreichen. Kartoffeln, Spinat und Schafskäse darüber verteilen und alles stets gut würzen. Noch eine oder zwei weitere Schichten auf diese Weise einfüllen. Und am Ende die überstehenden Teigblätter so darüber zusammenfalten, dass alles rundum gut verschlossen ist. Die Oberfläche wieder gut mit Joghurtcreme tränken und einen guten Schuss Olivenöl darauf verteilen. Bei 220 °C (Ober-/Unterhitze; Heißluft 200 °C) im vorgeheizten Ofen auf der untersten Schiene ca. 30 bis 45 Minuten backen. Falls die Oberfläche zu dunkel wird, mit Alufolie abdecken!

ZUTATEN
Für vier bis sechs Personen:

1 kg Kartoffeln
2–3 EL Olivenöl
Salz, Pfeffer
gemahlener Bockshornklee
Muskatnuss
Cayennepfeffer
ca. 600 g Spinat (TK)
1 Zwiebel
2–3 Knoblauchzehen
Raz el Hanout
300 g Schafskäse
500 g vollfetter Joghurt
2 Eier
ca. 500 ml Milch
1 Paket Filoteig- oder Yufkablätter
2–3 EL Olivenöl zum Beträufeln
1–2 EL Schwarzkümmel

GETRÄNK
Dazu trinken wir entweder einen herzhaften Wein, zum Beispiel einen griechischen Weißwein, es passt aber auch ein kräftiger Weißburgunder aus Baden. Wir haben dazu einen kroatischen Zlathina getrunken, von der Insel Krk. Es geht natürlich auch ein Pils.

TIPP
Man kann die gefüllten Teigblätter heiß, also frisch aus dem Ofen, essen, sie schmecken aber auch lauwarm sehr gut.

Bulgur mit Huhn und Gemüse

Eine Art Eintopf, statt mit Reis mit Bulgur, einem Schrot aus Hartweizen, wie man es am Südostsaum des Mittelmeers als Hauptnahrungsmittel liebt – ähnlich wie Couscous, aber anders als dieser bereits vorgekocht, dann grob zerschnitten und wieder getrocknet.

1 Die Zwiebeln fein würfeln und in einem flachen, breiten Topf im Olivenöl andünsten. Den zerdrückten und gehackten Knoblauch dazugeben sowie die entkernten, fein gewürfelten Chilis wie auch die ebenfalls klein gewürfelten Möhren. Die gelben Linsen zufügen. Alles kräftig würzen, mit Salz, Pfeffer, Bockshornklee und Sumak. Jetzt auch den Bulgur einrieseln lassen, alles gut mischen und schließlich die in Würfel geschnittene Paprikaschote zufügen. Mit Brühe bedecken und aufkochen.

2 Nun kommen auch die Hähnchenflügel in den Topf – sie sind erfreulich preiswert, und, weil sie kleiner sind als Hühnerschenkel, auch schneller gar. Die Flügel werden im Gelenk geteilt, dann streift man mit einem Messer die Sehnen am unteren Teil des Knochens ab – so kann sich das Fleisch beim Garen zusammenziehen und am Ende sitzt es wie ein kleines Päckchen am oberen Ende des Knochens, den man dann mit der Hand anfassen und das Fleisch davon abnagen kann. Sozusagen: Fleisch am „Stiel". Die Teile in den Topf betten, etwas gehackte Petersilie und Dill obenauf! Schließlich alles zugedeckt sanft etwa gut 30 bis
45 Minuten gar ziehen lassen.

3 Der Topfdeckel wird erst am Tisch gelüftet, damit alle Gäste den unwiderstehlichen Duft wahrnehmen können.

BEILAGE
Dazu unbedingt ein frischer Salat, am liebsten Endivie mit gerösteten Pinienkernen und Granatapfelperlen.

GETRÄNK
Ayran – der wunderbare, mit eiskaltem Wasser verdünnte Joghurt, leicht gesalzen und nach Belieben auch mit Kreuzkümmel oder Bockshornklee gewürzt und am liebsten mit dem Mixstab luftig aufgeschlagen.

ZUTATEN
Für sechs Personen:

2 Zwiebeln
2 EL Olivenöl
2–3 Knoblauchzehen
1–2 Chilischoten
2 Möhren
150 g gelbe Linsen
Salz, Pfeffer
½ TL Bockshornklee
1 TL Sumak
300 g Bulgur
1 rote Paprika
ca. 1 l Geflügel- oder Fleischbrühe
6–8 Hähnchenflügel
glatte Petersilie und Dill

Baklava

Süß wie die Sünde und ebenso unwiderstehlich, mit Nüssen, Honig, Zucker und am Ende mit Sirup überglänzt. Dafür brauchen wir wieder die Teigblätter aus dem türkischen Lebensmittelgeschäft, diesmal aber die ganz feinen Filoteigblätter.

1 Mit einem (oder zwei) Filoteigblätter(n) eine möglichst quadratische flache Form auslegen, sodass sie weit überstehen und man sie am Ende wie einen Verschluss über der ganzen Sache zusammenfalten kann, und mit flüssiger Butter einpinseln.

2 Für die Füllung Walnüsse oder Haselnüsse, Pistazien, Pinienkerne und Zucker im elektrischen Zerhacker zerkleinern und mischen. Mit einem Hauch Zimt würzen.

3 Einige Esslöffel Nussmischung auf dem Teigblatt verteilen und mit einigen Tropfen Butter benetzen. Darauf wieder Teigblatt, flüssige Butter und die Nussmischung – bis alles aufgebraucht ist. Zum Schluss das unterste Teigblatt darüberklappen und ebenfalls mit Butter beträufeln. Die Form in den 200 °C (Ober-/Unterhitze; Heißluft 180 °C) heißen Ofen schieben und den Baklava etwa 30 bis 40 Minuten sanft goldbraun backen. Dann herausnehmen und abkühlen lassen.

4 Inzwischen für den Sirup Zucker, Wasser und Zitronensaft aufkochen, dann 2 bis 3 Minuten sprudelnd einkochen lassen. Jetzt schöpfkellenweise und sehr gleichmäßig über den Auflauf gießen, ihn regelrecht durchtränken. Bis zum nächsten Tag durchziehen lassen. Erst dann in Quadrate schneiden und servieren.

ZUTATEN
Für sechs Personen:

1 Paket Filoteigblätter
ca. 150 g Butter
250 g Walnuss- oder Haselnusskerne
50 g Pistazien
50 g Pinienkerne
75 g Zucker
nach Belieben etwas Zimt

Für den Sirup:
450 g Zucker
500 ml Wasser
Saft einer Zitrone

Türkischer Kaffee

Er ist natürlich die passende Begleitung. Er wird nicht gebrüht, wie wir das kennen, sondern regelrecht gekocht, zusammen mit dem Zucker, und ist ein höllisch heißes, süßes Getränk, das man aus winzigen Tässchen nippt.

1 Alles in einen Topf geben, der nicht zu klein bemessen sein sollte, denn der Kaffee steigt stark in die Höhe und kocht dann leicht über. Zum Kochen bringen und nun mehrmals vom Feuer ziehen und zurück auf den Herd stellen, bis er wieder aufwallt und überzukochen droht.

2 Nach dem dritten Aufkochen den Topf beiseitestellen und den Kaffee sich einen Moment setzen lassen. Dann in winzige Tässchen füllen und genießen.

ZUTATEN
Für zwei Personen:

3 gehäufte EL Kaffeepulver
2 gehäufte EL Zucker
ca. 200 ml Wasser

Basis der Kochkunst: Zitronen

Basis der Kochkunst: Zitronen

Würzen, kochen, braten, mixen – und natürlich backen!

Zitronen – kaum zu glauben, wozu Zitronen alles nutze sind! Sie sind Gewürz, geben beispielsweise einer blassen Sauce Pep! Sind aber auch Grundzutat für die großartigsten Zubereitungen – für die klassische Zitronentarte zum Beispiel. In jedem Fall verleihen sie Frische und irgendwie trotz aller Säure süßen Sonnenduft!

Warenkunde Zitronen – sauer allein genügt nicht!

Natürlich braucht man richtig gute Zitronen. Aber was sind gute Zitronen? Leichter lässt sich sagen, was keine guten Zitronen sind: Die kleinen aus dem Supermarkt im Netz, sechs Stück für 1,99 € – mit allerlei Mitteln behandelt, damit sie lange haltbar bleiben. Einigermaßen sicher kann man sein, dass Zitronen mit dem Biosiegel anständig sind – leider werden sie jedoch oft zu früh, nämlich noch etwas grün geerntet, denn je reifer die (in diesem Fall natürlich mit Sicherheit unbehandelten) Früchte sind, desto anfälliger sind sie für Schimmel.

Wirklich gut sind nur Zitronen, die in Gärten oder auf kleinen Plantagen gewachsen sind, also nicht im Großbetrieb, wo sie nach der Ernte auf jeden Fall erst mal gewaschen wurden und deshalb dann auch mit allen möglichen Haltbarmachern oder Wachsen geschützt werden müssen, weil man durch das Waschen ihre natürliche Schicht entfernt hat. Zitronen sollten naturbelassen sein – waschen kann man sie schließlich zu Hause! Man erkennt Naturzitronen ganz einfach daran, dass sie mit Blättern verkauft werden.

Gute Zitronen sind leuchtend gelb, eben zitronengelb; sie dürfen nicht schon nachgedunkelt sein, das ist nämlich ein Zeichen dafür, dass ihr Erntezeitpunkt schon eine gute Weile zurückliegt. Sie sollen sich fest und stramm anfühlen, ihre Schale straff wirken.

Grüne Zitronen sind nicht notwendigerweise schlecht – die gelbe Farbe entwickelt sich erst, wenn größere Unterschiede zwischen der Tages- und Nachttemperatur herrschen. Die Empfehlung, sie im 50 °C warmen Backofen einer Schockbehandlung zu unterziehen, hilft zwar – die Zitronen werden dadurch tatsächlich gelb, auch geben sie etwas mehr Saft, aber sie müssen danach unverzüglich verbraucht werden, weil sie sich dann nicht mehr halten. Und die ätherischen Öle aus der Schale gehen dabei kaputt. Also geht ein wichtiger und wertvoller Bestandteil der Zitronenwürze verloren.

Ausgereifte makellose Zitronen sind an sich gut haltbar, bei Zimmertemperatur 1 bis 2 Wochen, bei Kellertemperaturen zwischen 10 und 15 °C auch länger. Im Kühlschrank ist es für sie auf längere Zeit zu kalt. Man muss gegebenenfalls in Kauf nehmen, dass bei Einkauf größerer Mengen die eine oder andere Frucht in Windeseile von Schimmel zerstört wird, der auf die benachbarten Früchte übergreifen kann – aber nicht muss.

Der Zitronenbaum, der überall in subtropischen Gegenden gedeiht, kann rund ums Jahr blühen und Früchte tragen. Charakteristisch für die Früchte sind ihre ovale Form und der ausgeprägte Nippel auf der dem Stiel gegenüberliegenden Seite. Anders als bei Limonen oder Limetten, den grünen Anverwandten, die keinen Nippel haben, also ganz rund sind, und eine stets erheblich dünnere Schale. Sie kommen jedoch eher aus tropischen Gegenden, aus Asien, Mittelamerika oder Brasilien.

Zitronen sind der Inbegriff für Vitamin C, aber ebenso reich an B-Vitaminen. Ihr Saft wirkt antibakteriell, verhindert Oxydation und ist universell einzusetzen. Nicht nur in der Küche, auch im Haushalt (zum Fleckentfernen, Aufhellen, Geruchneutralisieren, Desinfizieren). Das ätherische Zitronenöl in der Schale ist ein feines Gewürz, deshalb ist die Schale kostbar – allerdings nur von nicht gewachsten bzw. unbehandelten Früchten! Natürlich kann man notfalls die Spritz- und Schutzmittel von behandelten Früchten mit heißem Wasser abwaschen, aber das Aroma und der Geschmack, den Naturzitronen liefern, kann man in behandelten Früchten niemals finden.

Man kann sich gute Zitronen übrigens ins Haus schicken lassen, googeln Sie doch einfach mal die Begriffe **Naturzitronen** oder **Zitrusfrüchte, unbehandelt,** es ist erstaunlich, was es da alles gibt!

Die besten Zitronen sind eigentlich gar keine reinen, sondern mit der Zedratfrucht gekreuzte: Sie kommen von der amalfitanischen Küste, wachsen aber auch andernorts am Mittelmeer, etwa in Ligurien und der Toskana, in Griechenland und Zypern. Leider findet man diese großen, geradezu köstlich süß schmeckenden Früchte hierzulande viel zu selten. Sie sind besonders saftig und eigentlich auch preiswert!

Aus den bis zu kindskopfgroßen Zedratfrüchten hingegen, die eine mehrere Zentimeter dicke Schale haben, deren eigentlicher Fruchtkern nicht größer als der einer normalen Zitrone ist und auch nicht mehr Saft gibt, bereitet man das berühmte Zitronat, wozu die gesamte Schale in Zucker confiert (und meistens grün gefärbt) wird – dazu muss man sie jeden Tag erneut in ihrem immer konzentrierter werdenden Zuckersirup aufkochen, 12 bis 14 Tage lang, bis alle Zellflüssigkeit durch die Zuckerlösung angereichert ist.

Aus Südostasien kommen verschiedene andere Zitronenarten, wobei die Kaffirzitrone oder Makrut die wichtigste ist: In den tropischen Ländern bleibt sie immer grün, bei uns gezogen färben sich die Früchte (kalte Nächte!) gelb. Die bucklig-runzlige Schale besitzt – wie die ebenfalls begehrten Blätter dieser Zitronenart – eine ganz spezielle, intensive Würze, die vielen Thai- und vietnamesischen Gerichten einen unverzichtbaren Touch gibt. Die Früchte liefern nur wenig von einem bitter-sauren Saft, den allerdings die Asiatinnen zur Haarpflege lieben.

Salzzitronen

Auch so kann man Zitronen haltbar machen: Man liebt diese in Salz konservierten Früchte besonders in der arabischen Küche und genießt sie wie wir etwa saure Gurken, die ja ebenfalls in Salz eingelegt sind. Dadurch werden sie nicht nur haltbar, sondern bekommen eben auch einen besonderen Geschmack. Die Salzzitronen gehören in Marokko unverzichtbar zum Couscous, man isst sie scheibchenweise oder in kleinen Würfeln zum gebratenen Fleisch. Man würzt damit gedünsteten Fisch, und Sie sollten sie ruhig mal zur Bratwurst probieren.

1 Die Zitronen am Stielende kappen, dann senkrecht so einschneiden, dass sie am unteren Nippel noch gut zusammenhalten. Dabei die Früchte je nach Größe vierteln oder auch sechsteln. Die Fruchtspalten ein wenig auseinanderdrücken, mit Salz füllen, wieder zusammendrücken und die Früchte in Schraubgläser packen, Hohlräume mit halben Früchten oder einzelnen Spalten ausfüllen. Dabei das restliche Salz und die Gewürze gerecht verteilen. Mit Zitronensaft auffüllen.

2 Die Gläser verschließen und die Zitronen 4 Wochen durchziehen lassen. Dabei das Glas immer wieder auf den Kopf und am nächsten Tag zurückdrehen, damit sich das Salz auflöst und die Zitronen von der Lake umspült sind.

ZUTATEN
Für zwei Gläser à 400 Gramm Inhalt:

6 mittelgroße Zitronen
200 g Meersalz
1 Zimtstange
6 Nelken
2 TL Korianderkörner
½ EL Pfefferkörner
3–4 Lorbeerblätter
Saft von 2 Zitronen

TIPP

Gut schmecken die Salzzitronen auch als Würze für Rindfleischsalat, nur teelöffelweise und sehr fein gewürfelt – das ergibt einen ausgeprägten, sehr interessanten Geschmack.

Griechische Zitronensuppe

Sóupa avgolémono heißt sie in ihrer Heimat. Sie schmeckt unglaublich erfrischend, einfach umwerfend – wenn man die richtigen, die milden Zitronen hat!

Übrigens lässt sich hier wieder mal beobachten, wie man Rezepte verhunzen kann. Vor allem bei solchen angeblichen Originalrezepten ... Bei der Suche nach dem ultimativen Rezept sind wir im Internet auf zahllose, die unglaublichsten Varianten gestoßen; und man konnte den Niedergang eines Rezepts schön Schritt für Schritt nachvollziehen: Dass die einen Hühnerbrühe nehmen, die anderen Kalbsbrühe, ist ja noch akzeptabel; traurig wird's aber, wenn die meisten dafür einfach ein Pulver anrühren oder einen Brühwürfel nehmen. Aber wenn statt Eigelb Speisestärke genommen wird, um die Suppe cremig zu machen, und statt des Saftes von 2 bis 3 Zitronen (also 100 bis 150 ml) nur noch 1 Esslöffel verwendet wird, dann weiß man nicht mehr so recht, wieso diese Suppe noch den Namen trägt. Da hilft dann auch kein Currypulver, das in manchem Rezept Verwendung findet, und zwar in Sonnenblumenöl angedünstet (wie bitte? In Griechenland, wo die Olivenkultur ihre erste Blüte fand?) – ein Unding von Rezept, das eine große Firma ins Netz gestellt hat und dem wir auf den unterschiedlichsten Seiten ohne Quellenangabe immer öfter begegnet sind.

ZUTATEN
Für vier bis sechs Personen:

3 Hähnchenschenkel
1 Möhre
1 Zwiebel
1 Lauchstange
1 Stück Sellerie
(oder 2 Selleriestangen)
3–4 Petersilienstiele
2 Lorbeerblätter
1 TL Pfefferkörner
1 TL Korianderkörner
½ TL Salz
1 kleine Tasse Reis
3 Zitronen
3 Eigelb

1 Die Hähnchenschenkel in einen Suppentopf betten, das Wurzelgemüse putzen, waschen, grob zerschneiden (von jedem jeweils ein Stück aufbewahren!) und zufügen. Alles mit gut 2 Liter Wasser bedecken, die abgezupften Petersilienstiele (Blätter beiseitetun), Lorbeerblätter, Gewürze und Salz zufügen. Langsam zum Kochen bringen, den Deckel auflegen, auf kleinster Hitze die Hühnerschenkel 1 Stunde sanft gar ziehen lassen.

2 Schenkel dann herausheben, das Fleisch vom Knochen lösen, Haut und Knochen jedoch zurück in den Topf füllen und nochmals 1 weitere Stunde auskochen, um die Brühe zu konzentrieren. Schließlich alles durch ein Sieb filtern, ausgekochtes Gemüse und Knochen wegwerfen.

3 Die Brühe zurück in den Topf gießen. Jetzt den Reis hineinschütten, ebenso die aufbewahrten Gemüsestücke, die inzwischen sehr fein (reiskorngroß!) gewürfelt wurden. Auch ein gutes Stück Zitronenschale dazugeben, für den Geschmack. Auf kleiner Hitze leise 15 Minuten ziehen lassen, bis der Reis gar ist. Die restliche Zitronenschale zum Kandieren beiseitelegen (siehe Rezept Seite 48).

4 Den Saft der Zitronen mit den Eigelben verquirlen, eine kleine Schöpfkelle von der heißen Suppe hineinquirlen, erst dann alles in den Suppentopf rühren und jetzt die Suppe unter stetem Rühren so lange erhitzen, bis sie cremig gebunden und schön dicklich ist. Sie darf nicht richtig ins Kochen geraten, weil sie sonst gerinnt und ausflockt und keinen schönen Anblick mehr bietet.

5 Jetzt das zentimeterklein gewürfelte Hähnchenfleisch und die fein gehackten Petersilienblätter in die Suppe rühren, nochmals sehr kräftig abschmecken: Sie soll schön säuerlich schmecken und muss ausreichend gesalzen sein. Dann ist es eine fabelhafte, wunderbar sättigende Suppe, elegant und herzhaft zugleich, die sofort Sonne ins Herz bringt.

BEILAGE
Frisches, knuspriges Weißbrot.

GETRÄNK
Es muss nicht unbedingt ein griechischer Wein sein – ein kraftvoller Riesling, zum Beispiel von der Mosel, passt mindestens ebenso gut. Wir haben einen trockenen Scharzhofberger vom Weingut Kesselstadt getrunken und fanden ihn großartig dazu.

Chinesisches Zitronenhuhn

Huhn und Zitrone, das passt prima – das wissen nicht nur die Griechen. Das provenzalische Zitronenhuhn, das wir schon vor Jahren mal in unserer Sendung gezeigt haben, wurde zu einem Lieblingsgericht vieler unserer Zuschauer. Hier eine Version aus der chinesischen, genauer der kantonesischen Küche: Es ist leicht und frisch, eignet sich auch für Gäste, weil man es gut vorbereiten und wieder erwärmen kann.

ZUTATEN

Für vier Personen:

1 schöne Poularde
3 Zitronen
1 walnussgroßes Stück Ingwer
3–4 Knoblauchzehen
1–2 Chilischoten
2 EL Austernsauce
2 EL Sojasauce
1 EL Sesamöl
1 TL Zucker
Koriandergrün
(wenn möglich mit Wurzel)

1 Die Poularde in mundgerechte Stücke zerlegen: Zuerst die Schenkel und Flügel abtrennen, diese quer in zwei bis drei Stücke hacken, die Brust mitsamt der Karkasse ebenfalls in Stücke schneiden. Die Haut abziehen und mit einem scharfen Messer würfeln; in einer Pfanne sanft ausbraten, bis knusprige Krusteln entstanden sind. Durch ein Sieb abgießen – das Fett auffangen, es schmeckt vorzüglich, zum Beispiel, um Bratkartoffeln zuzubereiten.

2 Zwei Zitronen auspressen, die dritte Zitrone längs vierteln und quer in dünne Scheibchen schneiden. Ingwer und Knoblauch schälen und fein würfeln, Chili entkernen und ebenfalls fein hacken.

3 Die Hähnchenstücke in einen großen Gefrierbeutel packen, Zitronensaft und -scheibchen sowie alle Gewürze zufügen, ebenso Austern- und Sojasauce sowie das Sesamöl. Die Tüte verschließen, dabei möglichst alle Luft herausdrücken, sodass die Hähnchenteile rundum von dieser Marinade umgeben sind. Mindestens 1 Stunde (bei Zimmertemperatur), ruhig auch 1 ganzen Tag (dann im Kühlschrank) marinieren.

4 Dann die Stücke nebeneinander, immer die Fleischseite nach oben, in eine flache Schale betten, diese in einen Wok stellen, der dreifingerhoch mit Wasser gefüllt ist. Die Hähnchenteile zugedeckt im aufsteigenden Dampf garen, bis das Fleisch weiß schimmert – das dauert etwa 45 Minuten.

5 Aber bereits 10 Minuten vor Ablauf dieser Zeit den Saft, der sich in der Schüssel gesammelt hat, in eine Kasserolle abgießen und um mindestens die Hälfte einkochen, dabei den Zucker hinzufügen, um die Säure der Sauce zu mildern. Am Ende über dem Zitronenhuhn verteilen. Reichlich Koriandergrün samt fein gehackter Wurzel sowie die ausgebratenen Hautkrusteln darüberstreuen und servieren.

BEILAGE
Duftiger, lockerer Reis.

GETRÄNK
Ein kräftiger, aromatischer Wein, zum Beispiel ein Sauvignon blanc – oder sogar ein frisch-fruchtiger Pinot noir! Wir haben Weine vom Weingut Drautz-Able in Heilbronn genossen.

Zitronentarte

Ein erlesener Dessertkuchen, wie man ihn in Frankreich liebt. Auf einen dünnen Mürbeteigboden, den man vorbacken muss, kommt eine Creme aus Ei, flüssiger Butter und Zitronensaft. Unwiderstehlich! Wichtig: Unbedingt Süßrahmbutter verwenden, mit Sauerrahmbutter gerinnt die Zitronencreme und wird grisselig.

1 Für den Teig das Mehl auf die Arbeitsfläche häufen. Die Butter in Flöckchen schneiden und darauf verteilen, den Zucker darüberstreuen, die Salzprise nicht vergessen und schließlich das Eiweiß in die Mitte setzen und die Zitronenschale darüberreiben.

2 Rasch mit kühlen Händen zu einem festen Teig verarbeiten. Auf keinen Fall mehr Mehl zufügen als angegeben. Wenn der Teig zu weich wird (liegt an zu viel Wärme), kalt stellen, bis er wieder fest geworden ist. In jedem Fall den Teig in Folie gehüllt 30 Minuten ruhen lassen, bevor er verarbeitet wird.

3 Den Teig schließlich auf der mit Mehl bestäubten Arbeitsfläche oder auf einem ausreichend großen Stück Folie messerrückendünn ausrollen, eine mit Butter ausgestrichene Springform damit auskleiden. Sorgsam darauf achten, dass der Boden nirgendwo reißt, denn die Füllung ist so flüssig, dass sie sofort auslaufen würde. Und den Rand fast dreifingerhoch hochziehen – er wird beim Vorbacken ein wenig heruntersinken –, aber es muss gewährleistet sein, dass er ausreichend hoch ist, um die Füllung aufzunehmen.

4 Den Teigboden im vorgeheizten Backofen bei 200 °C (Heißluft; Ober-/Unterhitze 220 °C) 15 Minuten vorbacken.

5 Für den Belag Eier, Zucker, Zitronensaft und abgeriebene Schale gründlich verquirlen. Die geschmolzene und wieder abgekühlte, aber noch immer flüssige Butter unterrühren. Auf den vorgebackenen Boden gießen und im nunmehr 180 °C (Heißluft; Ober-/Unterhitze 200 °C) heißen Ofen 20 Minuten zu Ende backen, bis die Zitronenmasse gestockt ist.

GETRÄNK
Dazu passt natürlich ein Kaffee oder aber – was liegt näher? – ein Zitronenlikör, natürlich selbst gemacht …

ZUTATEN
Für eine Springform von 24 Zentimeter Durchmesser:

Mürbeteig:
200 g Mehl
100 g Butter
80 g Zucker
1 Prise Salz
1 Eiweiß
Schale von ½ Zitrone

Belag:
4 Eigelb
125 g Zucker
Saft von 3 Zitronen (ca. 120 ml)
Schale von ½ Zitrone
150 g Süßrahmbutter

TIPP
Die Form gar nicht erst aus dem Ofen holen, sondern den flüssigen Guss im Ofen einfüllen, dann läuft man keine Gefahr, dass er überschwappt.

Zitronenlikör

Wenn man mal eine richtig große Menge guter Zitronen ergattert hat, dann kann man sich den besten Zitronenlikör der Welt leisten: Selbst gemacht ist er einfach noch mal so gut! Der unglaublich wohlschmeckende, fruchtig-zitronige Likör sollte unbedingt zwei, drei Wochen reifen, bis man ihn trinkt oder verschenkt. Passt auch herrlich zum Espresso nach dem Essen.

1 Die Zitronen waschen, dann mit dem Sparschäler dünn schälen. Die Schalen in ein ausreichend großes Gefäß (es sollte etwa 1,5 l Inhalt haben) geben und mit hochprozentigem Alkohol bedecken. Mindestens 1 Woche im Alkohol ausziehen lassen, dabei färbt sich der Alkohol leuchtend gelb, die Schalen werden regelrecht entfärbt und sind am Ende rascheltrocken.

2 Durch ein feines Sieb filtern und mit Zuckersirup vermischen: Für diesen den Zucker im Wasser 1 Minute sprudelnd kochen.

TIPP

Den hochprozentigen Alkohol bekommt man entweder in der Apotheke (meist hat der nur 70 Prozent – das ist aber ausreichend). Man kann ihn sich auch im Internet bestellen.

Italienreisende bringen ihn von dort aus dem Supermarkt mit – hier findet man ihn zum Liköransetzen in Literflaschen für wenig Geld.

Und noch ein Tipp: Den Saft der geschälten Zitronen presst man natürlich sorgsam aus. In einer Flasche bleibt er zum steten Würzen im Kühlschrank bis zu zwei, drei Wochen absolut frisch. Für längere Aufbewahrung füllt man ihn in Plastikbehälter oder Eiswürfelschalen und friert ihn ein.

ZUTATEN
Für ca. 2,8 Liter:

7 große Zitronen (oder 9 kleine)
1 l reiner Alkohol
(70- bis 90-%ig – siehe Tipp)
1 kg Zucker
1 l Wasser

Kandierte Zitronenschale

Dafür die Zitronenschale dünn abschneiden, sodass vom Weißen kaum mehr etwas anhaftet.

1 Zucker in eine Pfanne streuen und mit Wasser anfeuchten, rasch aufkochen und eine Minute lang zu einem Sirup kochen. Jetzt die in Streifen oder Stücke geschnittene Schale hinzufügen, so lange kochen, bis der Sirup zu goldenem Karamell geworden ist.

2 Schließlich alles auf einer eingeölten Platte oder mit Öl bepinselter Alufolie verteilen und abkühlen lassen. Dann in Stücke brechen.

3 Die Streifen streut man sich über den Joghurt oder in die Quarkspeise. Die Chips schmecken toll zum Espresso.

ZUTATEN
Für vier Personen:

100 g Zucker
2 EL Wasser
Schale von 2 Zitronen
1 TL Öl

Alkoholfreie Apfel-Sangria mit Zitrone

Wunderbar erfrischend und durstlöschend – schmeckt Groß und Klein!

1 Den Apfel vierteln, Stiel und Blütenansatz sowie das Kerngehäuse entfernen. Quer in feine Scheiben schneiden und in einen ausreichend großen Glaskrug oder eine Bowlenkanne füllen. 1 Zitrone ebenfalls mit Schale in sehr feine Scheiben schneiden, eventuell auch eine Limette in dünnen Scheiben zufügen.

2 Auch die zur Spirale geschnittene Schale einer weiteren und den Saft von 2 weiteren Zitronen sowie 2 bis 3 Löffel Honig zufügen und gut auflösen (falls der Honig zu fest ist, vorher vorsichtig erwärmen). Erst dann mit Apfelsaft, Eiswürfeln und, damit's prickelt, auch mit einem guten Schuss Mineralwasser auffüllen.

ZUTATEN
Für vier Personen:

1 säuerlicher Apfel
(z. B. Elstar, Boskop, Berlepsch oder Glockenapfel)
1 Zitrone
1 Limette
2–3 EL flüssiger Honig
750 ml Apfelsaft
Eiswürfel
1 Schuss Mineralwasser

Schlanke Küche für Genießer

Schlanke Küche für Genießer
Spaß am Essen – ohne schlechtes Gewissen!

Das kennen Sie doch sicher auch: den unangenehmen Moment, wenn man spürt, wie der Rock- oder Hosenbund kneift? Man will das vielleicht nicht gleich wahrhaben, schiebt es lieber dem Umstand zu, dass man sich ja im Winter immer so dick anziehen und gegen die Kälte wappnen muss. Aber irgendwann kommt der Augenblick – spätestens, wenn es wärmer und vielleicht sogar frühlingshaft wird –, da wird einem klar: Jetzt ist es Zeit, etwas für sich und seinen Körper zu tun! Gymnastik! Joggen! Nordic Walking! Fasten! Wir finden: Fasten ist doof! Besser ist: Richtig und vernünftig essen!

Natürlich ist es nie verkehrt, sich zu zügeln und weniger zu essen. Damit das jedoch Spaß macht und einen nicht verdrießt, haben wir uns Rezepte ausgedacht, die einerseits ausgewogen sind und dem Körper liefern, was er braucht, aber eben nicht zu viel! Und die obendrein so gut schmecken, dass man nicht merkt, wie gut sie der schlanken Linie tun. Das Geheimnis: Wir sorgen dafür, dass unsere Gerichte nicht fastenfade, sondern im Gegenteil vollwürzig schmecken, sodass man nichts vermisst, also Frust gar nicht erst aufkommt. Glauben Sie uns: Das geht!

Miesmuscheln in Weißwein

Miesmuscheln sind ja gar nicht mies, sondern eine Delikatesse und geradezu ideale Schlankheitskost: Sie haben kaum Kalorien, liefern dafür umso mehr der wertvollen Inhaltsstoffe, wie Mineralien (Phosphor, Magnesium, Kalium und Natrium) und Spurenelemente (Eisen, Jod, Kupfer), leicht verdauliches Eiweiß und reichlich von den wichtigen Omega-3-Fettsäuren. Obendrein sind sie schnell zubereitet und es ist zudem ein geselliges Vergnügen, sie zu verspeisen.

Die Muscheln werden heutzutage meist in einer Vakuumverpackung verkauft, in der sie problemlos frisch bleiben. Sie werden vor dem Verpacken in sauberem Wasser durchgespült und entsandet – trotzdem sollte man sie vor dem Zubereiten noch einmal und durchaus mehrmals in immer wieder frischem Wasser waschen. Geöffnete und beschädigte Muscheln werden sofort aussortiert, und lange Bärte werden entfernt.

1 Die Muscheln aus ihrer Verpackung nehmen und in kaltem Wasser mehrmals durchspülen, immer wieder gut abtropfen.

2 Inzwischen Zwiebel, Möhre und Sellerie schälen (die Selleriestangen wenn nötig fädeln), waschen und schließlich in sehr feine Würfel schneiden. Einen ausreichend großen Topf wählen – er sollte möglichst breit sein, damit die Muscheln nicht zu hoch übereinander, sondern eher nebeneinander liegen.

3 Darin zunächst das Öl erhitzen, dann das Wurzelgemüse darin rasch andünsten. Auch den fein geschnittenen Dill oder die Petersilie zufügen. Die Muscheln zum angedünsteten Würzgemüse in den Topf geben, den Wein dazuschütten. Zugedeckt aufkochen, den Topf währenddessen mehrmals energisch rütteln und schütteln, damit die sich öffnenden Muscheln gelockert werden und sich leicht öffnen können. Nach etwa 3 Minuten sind die Muscheln gar.

4 Servieren: Den Sud, der sich im Topf gesammelt hat, in Suppentässchen als Begleitung dazu reichen. Außerdem gibt's ein Stück Vollkornbrot, das ruhig dünn gebuttert sein darf (pro Person 150 Kalorien).

GETRÄNK
Ein schönes Glas Weißwein, zum Beispiel ein herzhaft-leichter Riesling Kabinett von der Nahe.

ZUTATEN
Für vier Personen:

2 Pakete (à 1 kg) Miesmuscheln
1 Zwiebel
1 kleine Möhre
2 Stangen Bleichsellerie
1 EL Olivenöl
1 Bund Dill (oder glatte Petersilie)
½ TL Pfefferkörner
1 Glas Weißwein
4 dünne Scheiben Vollkornbrot
10 g Butter

KALORIEN
pro Person 150 kcal

TIPP
Falls man keinen ausreichend großen Topf hat, die Muscheln ruhig partienweise kochen. Gare Muschen dann mit einer Schaumkelle herausheben, in einer Terrine zu Tisch bringen. Und während diese verspeist werden, die nächste Portion in den Topf füllen und kochen.

Wein und andere Getränke

Tatsächlich ist ein Glas Wein selbst bei einer strengen Diät nicht nur erlaubt, sondern sogar erwünscht! Vorausgesetzt, man darf Alkohol trinken ... Denn der Alkohol hilft, die Fettverbrennung anzukurbeln, und ist dann kalorienmäßig absolut neutral. Das bedeutet: Die Kalorien, die Sie mit diesem Glas Wein zu sich nehmen, dürfen Sie einfach unter den Tisch fallen lassen, brauchen Sie nicht zu berechnen!

Es muss aber unbedingt ein trockener Wein sein – denn je lieblicher, desto mehr Zucker enthält er, die selbstverständlich als Kalorien zu rechnen sind, denn nur der Alkohol ist in diesem Fall kalorienneutral, weil er nicht mehr liefert, als er zum Verbrennen braucht. Ansonsten enthält trockener Wein praktisch ebenso viel Kalorien wie süßer, denn Zucker oder der daraus vergorene Alkohol ist fast gleich kalorienreich.

Vorzugsweise nehmen Sie einen leichten, also relativ alkoholarmen Wein, zum Beispiel einen Kabinett von Mosel, Saar, Mittelrhein, Rheingau oder Nahe mit maximal 11 bis 11,5 Vol.-% Alkoholgehalt. Dann dürfen Männer bis zu drei Gläser (Achtel), Frauen bis zu zwei Gläser (= ¼ Liter) davon trinken.

Wein und Gesundheit ist ein Thema, das immer wichtiger wird, da die Funktionäre des Gesundheitswesens in Europa nur noch den Alkoholgehalt und die damit verbundene Gefahr des Missbrauchs und des Alkoholismus im Auge zu haben scheinen – dabei ist Wein Kulturgut und sollte als solches behandelt werden! Selbstverständlich lassen all diejenigen die Finger vom Wein, die ihn nicht vertragen! Die trinken stattdessen Wasser oder ungesüßten (notfalls mit Süßstoff gewürzten) Tee. Zum Beispiel Malventee mit einigen Tropfen Zitronensaft – erfrischend und richtig gut!

Oder ein Joghurtgetränk, wie man es in Indien zu den scharfen Currys liebt:

Paprika-Lassi

ZUTATEN
Für zwei Personen:

¼ rote Paprikaschote
1 Chilischote (nach Belieben)
250 g Vollmilchjoghurt
2 Tassen Eiswürfel
1 gute Prise Salz
1 Schuss Wasser

Paprika und Chili würfeln, mit den übrigen Zutaten in den Mixer füllen und so lange mixen, bis die Eiswürfel fast aufgelöst sind. Mit einem Strohhalm trinken!

KALORIEN
pro Person 110
(mit Magerjoghurt 60)

Blumenkohl-Auflauf

Blumenkohl (auch die gelben, grünen und violetten Sorten aus Italien) ist für diese Zubereitung geradezu ideal, denn mit den Stielen lässt sich eine herrlich sämige Sauce herstellen, ohne sie mit Stärke, Mehl oder Sahne und Ei binden zu müssen, was die Sache natürlich sofort wesentlich kalorienträchtiger machen würde ...

1 Den Blumenkohl in schöne Röschen zerlegen, dabei die festen Stielstücke abschneiden und getrennt verarbeiten. Die Röschen in wenig mit Zitronensaft gewürztem Salzwasser 5 Minuten blanchieren. Mit einer Schaumkelle herausheben und in eine flache Gratinform betten.

2 Die Stiele klein hacken, anschließend im selben Kochwasser absolut weich kochen. Die weichen Stiele mit einer Schaumkelle in einen Mixer umfüllen, nur wenig Kochsud zufügen. Alles glatt pürieren, dabei für Geschmack und Farbe Petersilienblätter mitmixen und kräftig mit Salz, Muskat und Pfeffer sowie mit Zitronensaft abschmecken. Erst jetzt so viel Kochsud zufügen und untermixen, bis die Sauce die richtige cremige Konsistenz bekommen hat. Über die Röschen verteilen.

3 Das Vollkornbrot in Würfel schneiden, mit etwas Olivenöl beträufeln, durchmischen und auf der Oberfläche des Gratins verteilen.

4 Die Form in den 200 °C heißen Ofen (Heißluft; Ober-/Unterhitze 220 °C) stellen, das Gratin gut 15 Minuten überbacken, bis alles brodelt und die Brotwürfel schön kross sind.

Ein schönes Essen, von dem man eine ordentliche Portion genießen darf – pro Person gerade mal 200 Kalorien!

ZUTATEN
Für zwei Personen:

1 schöner Blumenkohlkopf
Zitronensaft
Salz, Pfeffer
Muskatnuss
3 Stiele glatte Petersilie
2 kleine Scheiben Vollkornbrot
3 TL Olivenöl

KALORIEN
pro Person 200 kcal

TIPP

Wer will, packt zwischen die Blumenkohlröschen noch ein wenig mageres Hackfleisch, zum Beispiel vom Lamm. Kräftig würzen, mit abgeriebener Zitronenschale, einer ordentlichen Prise Paprika und zwischen den Fingern zerrebeltem getrocknetem Majoran sowie natürlich Salz und Pfeffer. 100 Gramm davon schlagen dann zusätzlich pro Person mit 120 Kalorien zu Buche.

Schlanke Küche aus dem Wok

Im Wok entstehen nicht nur die besten, sondern auch die schnellsten Gerichte. Hier macht man sich die Tatsache zunutze, dass eine größere Oberfläche der Zutaten für mehr Geschmack sorgt. Das heißt: Wenn alles schön klein geschnitten ist, bringt das nicht nur mehr Fülle, sondern sorgt auch für mehr Geschmack. Auf diese Weise reicht ein einziges Schnitzel mühelos für zwei und mehr Personen – man braucht nur ein bisschen (kalorienarmes) Gemüse zuzufügen …

Hähnchen mit Stangensellerie und wohlriechenden Pilzen

1 Das Fleisch mit einem scharfen Messer erst längs in 3 Streifen, diese dann quer in feine Scheibchen schneiden. Mit der Stärke überpudern und gut einreiben. Mit dem Sesamöl und einigen Tropfen Sherry beträufeln – ebenfalls einmassieren. Das Fleisch so lange marinieren, bis alles Weitere erledigt ist.

2 Die Pilze in einer kleinen Schüssel mit kochendem Wasser bedecken und einweichen. Dann harte Teile der Mu-Err-Pilze und die zähen Stiele der Tongupilze entfernen, die Pilze in kleine Stücke schneiden, die Tonguhüte in Streifen. Das Einweichwasser aufbewahren und durch ein Sieb filtern.

3 Die Chilischote entkernen, fein würfeln. Zwiebel schälen, in Halbringe schneiden. Die Selleriestange(n) fädeln, wenn nötig, dann ebenfalls schräg in einen halben Zentimeter dünne Scheiben schneiden. Champignons in dünne Scheibchen schneiden.

4 Im Wok das neutrale Öl erhitzen, zuerst Ingwer, Knoblauch und Chili durchschwenken, dann sofort das Fleisch zufügen und unter Rühren braten, bis es überall seine rohe Farbe verloren hat. Zwiebelringe und Selleriescheibchen mitbraten, dann die abgetropften und die frischen Pilze. Salzen, pfeffern, mit Zucker und etwas Sesamöl würzen. Falls die Sache ansetzt, mit etwas Brühe loslösen, auf keinen Fall mehr Öl zufügen. Restliche Sojasauce, Austernsauce und Sherry angießen, auch 1 Schuss Pilzeinweichwasser zufügen.

5 Unter Rühren alles gut mischen, nochmals aufkochen und auf einer Platte anrichten. Mit reichlich zerzupftem Koriandergrün bestreuen.

BEILAGE
Duftiger, lockerer Reis (100 Gramm gekocht sind ca. 120 Kalorien).

ZUTATEN
Für zwei Personen:

120 g Hähnchenbrust
½ TL Speisestärke
½ TL Sesamöl
2 EL Sojasauce
2 EL getrocknete Mu-Err-Pilze
(chinesische Morcheln)
4 getrocknete Tongupilze (Shiitake)
1 frische Chilischote
1 kleine rote Zwiebel
1–2 Stengel Bleichsellerie
3–4 Champignonköpfe
2 TL neutrales Öl
je 1 TL Ingwer und Knoblauch
(feinst gewürfelt)
Salz, Pfeffer
1 Prise Zucker
einige Tropfen Sesamöl
eventuell 1–2 EL Brühe
1 EL Austernsauce
1 EL Sherry
Koriandergrün

KALORIEN
pro Person 200 kcal

Rind mit Zwiebeln, Spinat und Paprika

1 Das Fleisch quer zur Faser in feine Scheibchen, diese nochmals in schmale Streifen schneiden. Mit Stärke einpudern, dann mit Sesamöl und Sojasauce einreiben – durchziehen lassen, bis alles Weitere erledigt ist.

2 Die Zwiebel schälen, halbieren, mit einem scharfen Messer Segmente so abschneiden, dass die einzelnen Schichten noch am Wurzelende zusammenhalten. Spinatblätter entstielen, mehrmals gründlich waschen. Paprikaschote halbieren, entkernen, ebenfalls schräg in feine Streifen schneiden.

3 Im Wok das Öl erhitzen, zuerst die Sesamsaat, dann Knoblauch, Ingwer und Chili darin anrösten und schließlich das Fleisch darin unter Rühren auf starker Hitze anbraten. Sofort salzen und pfeffern, herausheben und beiseitestellen, damit das Fleisch schön blutig und saftig bleibt – die Zeit kann jeder nach Gusto dosieren, jedoch schmeckt ein gutes Fleisch deutlich besser und zarter, wenn es nicht durchgebraten wird.

4 Dann die Zwiebelsegmente und nacheinander auch die übrigen Gemüse zufügen. Ständig alles umherwirbeln, damit nichts anbrennt. Falls doch, mit wenig Brühe ablöschen.

5 Schließlich den Szechuanpfeffer in den Wok streuen, weitere Brühe und die restliche Sojasauce angießen. Alles mischen, nochmals aufkochen und auf einer Platte anrichten. Mit zerzupftem Koriandergrün bestreuen und servieren.

ZUTATEN
Für zwei Personen:

120 g Rinderlende (ohne Fettrand!)
1 TL Speisestärke
½ TL Sesamöl
2 EL Sojasauce
1 mittelgroße Zwiebel
1 Handvoll Spinatblätter,
½ rote Spitzpaprika
(falls vorhanden)
1 EL neutrales Öl
1 EL Sesamsamen
je 1 TL Knoblauch
Ingwer und Chili
(feinst gewürfelt)
Salz, Pfeffer
½ TL Szechuanpfeffer
3–4 EL Brühe
Koriandergrün

KALORIEN
pro Person 200 kcal

Glasierte Äpfel

Nicht einmal was Süßes muss man sich verkneifen – es hilft ja nichts, wenn man sich ständig kasteit und frustriert ist: Man soll sich auch immer wieder mal für seine Standfestigkeit belohnen!

1 Geeignet sind Apfelsorten, die auch im Ofen ihre Form gut bewahren, zum Beispiel Golden Delicious – eine Sorte, die zudem den Vorzug hat, sich nicht so leicht zu verfärben. Andere Sorten, wie beispielsweise Boskop, muss man davor unbedingt mit Zitronensaft schützen.

2 Äpfel längs halbieren, mit einem runden Löffel das Kerngehäuse ausstechen. Die Schnittflächen mit Zitronensaft beträufeln oder mit einer Zitronenhälfte abreiben (auch für den Geschmack!) und dünn mit Honig einpinseln. In die Höhlung jeweils 2 bis 3 zerdrückte Walnusskerne häufen, nach Belieben mit Zitronenschale überreiben.

3 Die Apfelhälften mit der Schnittfläche nach oben in eine feuerfeste Form setzen. Etwas Apfelsaft in die Form gießen, bei 160 °C (Heißluft; Ober-/Unterhitze 180 °C) im Ofen schmoren, dabei immer wieder den köchelnden Saft über die Äpfel schöpfen. Nach etwa 20 bis 30 Minuten sind die Äpfel weich. Man kann sie gleich aus dem Ofen essen, sie schmecken aber auch gekühlt gut.

TIPP

Wer mag, gibt einen Klecks (griechischen) Joghurt obenauf – so viel Sünde muss erlaubt sein! Schlägt zusätzlich mit 12 bis höchstens 25 Kalorien zu Buche (je nach Fettgehalt)!

ZUTATEN
Pro Person:

1 mittelgroßer Apfel
(Golden Delicious)
1 Spritzer Zitronensaft
und etwas -schale
1 TL Honig
3 Walnusskerne
125 ml Apfelsaft

KALORIEN
pro Person 120 kcal

Das große Osterfrühstück

Das große Osterfrühstück
Macht (nicht nur) Langschläfer glücklich

Diesmal wollen wir dem Osterhasen tüchtig unter die Arme greifen, und zwar mit ein paar pfiffigen Tipps zum Osterfrühstück. Wir empfehlen die legendären Rappeleier, die in Martinas Kindheit zu Ostern gehörten wie der Osterhas'. „Dafür saßen wir Kinder die gesamte Karwoche rund um den Esstisch und bemalten erst mal um die Wette ausgepustete Eier. Die hatte unsere Tante schon lange gesammelt. Jedes Ei, das von Weihnachten an in der Küche gebraucht wurde, wurde nicht aufgeschlagen, sondern immer vorsichtig ausgepustet."

Die Getränke

Zum Frühstück gibt es natürlich Kaffee und Tee, je nach Gusto, zum Aufwachen. Kakao und/oder heiße Milch für alle, die das lieber mögen. Dann gehört auf den Frühstückstisch möglichst auch Orangensaft, frisch gepresst, versteht sich. Natürlich kann man das Osterfrühstück zu fortgeschrittenerer Stunde auch mit einem Gläschen Sekt oder Champagner ausklingen lassen …

Rappeleier

1 Damit beim Auspusten die Eierschale intakt bleibt, piekst man mit einer stabilen Nadel zunächst ein winziges Loch in die Eierspitze. Dann sticht man, am besten mit einem kleinen spitzen Messer, an der stumpfen Seite ein etwa daumennagelgroßes Loch heraus. Dabei muss man darauf achten, dass auch das innere Häutchen durchstoßen wird. Jetzt kann man das Ei durch das kleine Loch in der Spitze auspusten, es schlüpft so der gesamte Inhalt durch das größere Loch. Das Ei wird nun behutsam mit heißem Wasser gründlich ausgewaschen und schließlich, große Öffnung nach oben, zum Trocknen aufgestellt.

2 Jetzt werden die Eier bunt bemalt. Dabei sind natürlich der Fantasie keine Grenzen gesetzt! Man kann dafür ganz normale Wasserfarben verwenden, aber natürlich auch Wachsschreiber oder andere Buntstifte nehmen, in jedem Fall sollte man seiner künstlerischen Laune freien Lauf lassen. Am besten zusammen mit Freunden und Kindern, dann ist der Wettstreit besonders lustig.

VORSICHT
Verzichten Sie auf wasserfeste Filzer oder ähnliche Stifte, deren Lösungsmittel könnten den Inhalt der Rappeleier beeinträchtigen.

Schließlich werden die Eier gefüllt. Und zwar mit einer kunterbunten Mischung aus Hasel-, Wal- und Erdnüssen, Mandeln oder Pinienkernen, Rosinen, Schokolinsen, Zuckerostereiern, Liebesperlen, Schokoladenstückchen – kurz, lauter Sachen, die klein genug sind, um im Ei Platz zu finden, natürlich gut schmecken und nebenbei auch gesünder sind, als wenn man nur Zuckriges und Süßes isst. Die Zutaten müssen locker drin liegen, damit es auch tatsächlich rappelt, wenn man das Ei schüttelt. Die Öffnung wird jetzt noch mit Buntpapier zugeklebt, das man passend zugeschnitten hat – fertig ist das Rappelei.

TIPP
Natürlich darf man die geleerten Eier nicht einfach wegwerfen, es handelt sich schließlich um kleine Kunstwerke. Die kann man dann an einem Faden aufhängen und damit die Osterzweige schmücken.

Oster-Guglhupfe

Alsbald stellt sich die Frage: Was jetzt tun mit dem Inhalt der Eier? Zum Beispiel entsteht daraus ein duftiges, köstliches Gebäck, das prima auf den Frühstückstisch passt. Ideal sind kleinere Guglhupfformen – so kann man gleich mehrere Kuchen unterschiedlicher Größe backen. Natürlich verkürzt sich mit kleinerer Größe auch die Backzeit.

1 Die Rosinen bereits am Vortag mit Rum beträufeln und einweichen. Dann die Eier mit dem Handrührer in einer Metallschüssel im heißen Wasserbad schaumig schlagen, dabei den Zucker und die Salzprise zufügen. Die Masse soll dabei jedoch nicht heiß, sondern nur gut handwarm werden.

2 Danach die Schüssel aus dem warmen Wasserbad nehmen, in eine mit kaltem Wasser gefüllte Schüssel stellen und die Masse darin so lange schlagen, bis sie wieder kalt ist. Jetzt die Zitronenschale und den Vanillezucker zufügen, ebenso gemahlene Mandeln sowie die geriebenen Möhren unter die Masse rühren. Mehl und Backpulver durch ein Sieb zur Masse schütten, dabei behutsam unterrühren.

3 Inzwischen die Butter zerlassen und wieder abkühlen lassen. Die Formen damit sorgsam auspinseln.

ZUTATEN
Für eine normale Guglhupfform und zwei kleinere. Inhalt 1 Liter und je ca. 200 ml:

50 g Rosinen
2 EL Rum
4 Eier
120 g Zucker
1 Prise Salz
abgeriebene Schale von 1 Zitrone
1 Tütchen Vanillezucker
100 g gemahlene Mandeln,
60 g geriebene Möhren,
100 g Mehl
1 gute Msp. Backpulver
180 g Butter
je ca. 30 g Mandeln
Wal- und Haselnüsse
sowie Pistazien

Außerdem:
Puderzucker für den Guss
eventuell Speisefarben
bunte Zuckerostereier

4 Die restliche Butter langsam unter den Teig rühren. Am Ende die abgetropften Rosinen und die gehackten Nüsse untermischen. Nicht wundern: Der Teig ist ziemlich flüssig. In die Förmchen verteilen – sie nur zu zwei Dritteln füllen, denn der Teig steigt beim Backen sonst zu hoch über den Rand.

5 Bei 160 °C (Heißluft; Ober-/Unterhitze 175 °C) ca. 30 bis 35 Minuten backen, bis die kleinen Küchlein goldbraun und hochgegangen sind. Größere Guglhupfe bis zu 45 Minuten backen.

6 Zum Servieren mit Puderzucker oder buntem Zuckerguss überziehen. Dafür Puderzucker mit sehr wenig Zitronensaft oder Wasser zu einem dickflüssigen Guss verrühren und mit Speisefarben einfärben – zum Beispiel hellblau, grün oder rosa. Und nach Belieben mit kleinen, bunten Zucker-Ostereiern dekorieren.

TIPP
Die Kuchen nicht vollständig auskühlen lassen, sie lösen sich besser aus den noch warmen Formen. Auf eine Platte stürzen.

Gefüllte Omelettrolle

Sehr pfiffig und köstlich ist auch eine Omelettrolle, die sich unendlich vielseitig füllen lässt – süß und salzig, ganz wie man mag. Zuerst allerdings müssen wir die Hülle zubereiten.

1 Die Eier verquirlen und würzen. Ein flaches Blech mit Backpapier auslegen, dieses mit Öl oder flüssiger Butter einpinseln. Die Eimasse daraufgießen, sie soll sich jetzt gleichmäßig verteilen. Bei 120 °C (Heißluft; Ober-/Unterhitze 140 °C) im Backofen ca. 20 Minuten eher stocken lassen als backen.

2 Inzwischen stellen wir die Füllung her – ein würziges Hackfleischragout: Dafür werden gewürfelte Zwiebeln in einer Pfanne im heißen Öl angedünstet, fein gehackter Knoblauch und Chili dazugegeben. Erst dann das Hackfleisch zufügen und so lange braten, bis es krümelig geworden ist und seine rohe Farbe verloren hat. Dabei salzen und pfeffern. Jetzt die gehäuteten und gewürfelten Tomaten (oder die aus der Packung) und den fein gehackten Spinat unter das Fleisch rühren. Nochmals alles gut abschmecken, auch mit Muskat und abgeriebener Zitronenschale würzen. Wer mag, mischt jetzt noch Schafskäse darunter und würzt zusätzlich mit Paprikapulver. Diese Masse wird gleichmäßig auf die Omeletthülle verteilt, dann alles aufrollen.

3 Die gefüllte Omelettrolle kann man sofort essen, also noch warm. Man kann sie aber auch in Klarsichtfolie verpacken und kalt stellen. Dann lässt sie sich am andern Tag wunderbar in Scheiben aufschneiden und dekorativ anrichten. Große Wirkung auf dem Frühstückstisch!

ZUTATEN

Für ein Blech von 30 x 40 cm:

4–6 Eier
Salz, Pfeffer
Muskatnuss
1 Prise milder Delikatesspaprika
Olivenöl oder Butter für das Blech

Füllung:
1 Zwiebel
2 EL Olivenöl
2 Knoblauchzehen
1–2 Chilischoten,
300 g gemischtes Hackfleisch
(man kann auch Gehacktes vom Huhn oder vom Lamm nehmen)
Salz, Pfeffer
2 Tomaten (oder ½ Päckchen gewürfelte Tomaten)
150 g blanchierter Spinat
(kann ruhig tiefgekühlt sein)
Muskatnuss
abgeriebene Zitronenschale
eventuell 200 g Schafskäse
Delikatesspaprika

Süße Omelettrolle mit Früchtequark

Für Süßschnäbel wird die Omeletthülle nicht mit Muskat, sondern mit Zucker gewürzt und dann natürlich süß gefüllt.

1 Den Quark mit Zucker, Zitronensaft und -schale würzen. Das Obst (außer Maracuja) schälen, in Scheibchen oder Würfel schneiden und unter den Quark rühren. Die Sahne steif geschlagen unterziehen.

2 Auf der Omelettplatte verstreichen, aufrollen. In Portionen schneiden und servieren.

3 Die Kerne und das Fruchtfleisch der Maracuja erst über die fertig angerichtete Portion verteilen.

ZUTATEN
Für vier Personen:

250 g Quark (20 % Fett i. Tr.)
1–2 EL Zucker
Zitronensaft und -schale
1 Apfel
3–4 Physalis (Kapstachelbeeren)
1 Banane
1 Sharonfrucht
1 Handvoll Weintrauben
125 g Sahne
1 Maracuja (Passionsfrucht)

TIPP

Noch schneller geht's, wenn man den Quark einfach mit einer guten Konfitüre verrührt, ihm dadurch Geschmack, Farbe und Süße verleiht und auf der Omelettplatte verstreicht.

Chinesische Tee-Eier

Die chinesische Variante unseres guten alten Soleis – die Eier sehen sehr hübsch aus, wie Porzellan mit einem zarten Craquelé, und sie schmecken interessant! Man kann dafür auch einfach Ostereier nehmen, aber besser schmecken sie, wenn man sie frisch kocht.

1 Die Eier zunächst ganz normal wie Frühstückseier anpieksen und 5 bis 6 Minuten kochen. Dann kurz abschrecken, damit man sie anfassen kann, und jetzt sehr vorsichtig auf der Arbeitsplatte rollen, dabei behutsam die Schale anknacksen, und zwar möglichst gleichmäßig und rundum, sie aber nicht entfernen. Oder die Schale rundum mit einem Löffel vorsichtig in kleine Stücke klopfen.

2 Einen Sud kochen aus 250 ml Wasser, den Teeblättern, Mandarinenschale, Sternanis, Zimt, Sojasauce und Chilis. Die Eier darin weitere 5 Minuten leise unterhalb des Siedepunkts ziehen und schließlich darin abkühlen lassen. Ruhig über Nacht in diesem Sud marinieren, erst dann pellen und auf einem Kressebett anrichten.

ZUTATEN
Für vier Personen:

6 Eier
2 gehäufte TL Teeblätter
1 Stück getrocknete Mandarinenschale
(aus dem Asienladen,
ersatzweise die frische Schale
einer Mandarine oder Orange)
2 Sternanis
1 Zimtstange
5 EL Sojasauce
2–3 getrocknete Chilischoten

Osternest aus Engelshaar

Sieht entzückend aus, zum Beispiel als Schälchen für Eiersalat, und man kann sie natürlich mitessen. Und das Schöne daran: Man kann sie prima schon am Vortag produzieren. Das Engelshaar, haarfeine Nudeln, die man in der türkischen und griechischen Küche verwendet, findet man meist unter dem Begriff „Teigfäden" beim türkischen Gemüsehändler in der Kühltruhe.

1 Für die Nester vom Engelshaar Portionen abschneiden, mit Öl beträufeln und mischen und schließlich in mit Öl ausgepinselten Tassen oder Schälchen auslegen. Eine zweite, außen eingeölte Tasse jeweils obenauf setzen – ca. 15 Minuten auf einem Blech in den 180 °C heißen Ofen (Heißluft; Ober-/Unterhitze 200 °C) stellen, bis das Engelshaar goldbraun gebacken ist. Die Tassen vorsichtig voneinander lösen – behutsam dabei vorgehen, die Nester brechen leicht.

2 Für den Eiersalat die Eier würfeln, mit fein geschnittenen Frühlingszwiebeln und winzigen Würfeln von roter Paprika in eine Schüssel geben. Chilisauce, beide Senfsorten, Kapern, fein gewürfelte Cornichons, beide Essigsorten und Olivenöle zufügen. Alles vorsichtig mischen und mit Salz und Pfeffer abschmecken.

3 Damit die Nudelnester nicht gleich durchweichen, werden sie zunächst mit Kresse sowie Streifen von Chicorée und Radicchio ausgelegt, erst dann den Eiersalat einfüllen und rasch servieren.

ZUTATEN
Für vier bis sechs Personen:

1 Paket Engelshaar (feinste Nudeln aus dem Türkenladen, 500 g)
6 Ostereier
1 Frühlingszwiebel
½ rote Paprikaschote
1 TL Chilisauce
1 EL süßer Senf
1 TL scharfer Senf
1 EL kleine Kapern
2–3 Cornichons
1 EL Essig
1 Spritzer Balsamico
1 EL Olivenöl
1 TL Agrumato
(Olivenöl mit Zitronenduft)
Salz, Pfeffer

Außerdem:
Kresse
Chicorée- und Radicchioblätter
zum Auslegen der Nester

Frühlings-freuden

Frühlingsfreuden für Genießer
Mit Spargel, Kräutern Maibowle und Rhabarber

Der Frühling ist doch die schönste aller Jahreszeiten! Wenn der Flieder blüht und duftet, im Garten die Kräuter sprießen, im Wald die Maiglöckchen und der Bärlauch duften, dann zeigt er sich von seiner schönsten, von seiner Genießerseite. Wir feiern ihn mit einer Handvoll unserer Lieblingsrezepte: Frühling at it's best. Es gibt bei uns heute gebratenen Spargel mit Kartoffeln, gebratener Flunder und Bärlauchöl. Wir bereiten einen Salat aus rohem Spargel der besonderen Art. Es gibt Spargel aus dem Wok mit dem zarten Fleisch vom Maibock. Ein gar nicht mal zu exotisches Gericht, zu dem wunderbar eine duftende Maibowle passt. Zum gekochten Spargel servieren wir ein herzhaftes Kerbel-Kartoffel-Püree. Und natürlich gibt's einen frühlingsleichten Nachtisch: Rhabarber mit exotischem Parfum und frischem Erdbeersalat mit Schlagsahne.

Gebratener Spargel mit gebratenem Fisch und Bärlauchöl

Dem Bärlauch kann man um diese Jahreszeit kaum entgehen – trotzdem ist seine Zeit stets leider viel zu schnell vorbei. Mit einem guten Olivenöl gemixt kann man sich den Duft und die Würze noch eine Weile konservieren.

1 Den Spargel sorgfältig schälen und schräg in Stücke schneiden. Die Kartoffeln pellen und längs vierteln. In einer Pfanne das Öl erhitzen, 1 Teelöffel Butter darin schmelzen und zuerst die Kartoffeln darin rundum anrösten, dabei salzen und pfeffern. Wenn sie schön Farbe angenommen haben, den Spargel zufügen und etwa 5 Minuten mitbraten. Immer wieder schwenken und alles durchschütteln, damit auch die Spargelstücke Bratspuren bekommen. Mit Salz, Pfeffer und 1 Prise Zucker würzen.

2 Die Fische waschen, gut abtrocknen, auf beiden Seiten salzen und pfeffern, in Mehl wenden und dann gut abschütteln, bis nur noch ein hauchzarter Film daran haftet. In einer zweiten, unbedingt unbeschichteten Pfanne das Öl sehr heiß werden lassen, die Flundern darin auf beiden Seiten kross braten, am Ende für den Geschmack ein Stückchen Butter in der Pfanne schmelzen lassen.

3 Für das Bärlauchöl die Blätter zerschneiden, in den Mixer füllen, sparsam salzen, das Öl zufügen und alles pürieren.

4 Das Spargelgemüse auf einem Teller anrichten, die gebratenen Flundern daraufsetzen und mit Bärlauchöl beträufeln.

GETRÄNK
Ein herzhafter Weißwein, wir haben dazu einen Silvaner vom Weingut Wirsching in Franken getrunken.

ZUTATEN
Für zwei Personen:

je 500 g weißer und grüner Spargel
300 g am Vortag gekochte Kartoffeln
2 EL Olivenöl
2 TL Butter
Salz, Pfeffer
1 Prise Zucker
2–3 junge Flundern
(oder Maischollen)
Mehl zum Wenden
Öl zum Braten

Bärlauchöl:
1 kleiner Bärlauchstrauß
Salz
125 ml Olivenöl

TIPP
Das Bärlauchöl hält sich im Schraubglas im Kühlschrank einige Tage frisch. Im Gefrierschrank sogar monatelang.

Salat aus rohem Spargel mit Kaninchenrücken

Roher Spargel schmeckt ganz köstlich, und wenn man ihn längs auf dem Gurkenhobel in hauchdünne Scheibchen aufschneidet, dann sieht er auch noch verblüffend und besonders hübsch aus!

1 Die Kaninchenfilets mit Salz, Pfeffer und Zitronenschale würzen. In einer Pfanne in 2 bis 3 Löffeln Öl sehr langsam auf milder Hitze rundum bräunen. Dann mit Senf bestreichen und ihn in der Pfanne ein wenig karamellisieren lassen. Das Fleisch schließlich mit ein paar Kerbelstielen und einem Stück Zitronenschale in Alufolie packen und neben dem Feuer mindestens 15 bis 20 Minuten ziehen lassen.

2 In der Zwischenzeit den Spargel schälen, dann mit dem Gurkenhobel (oder auf der Aufschnittmaschine) längs in hauchdünne Scheiben schneiden. Die Kräuter verlesen, von den Stielen zupfen und waschen. Gut abtropfen und trocken schleudern, mit einer Marinade aus Salz, Pfeffer, Zitronensaft, Zucker und wenig Öl anmachen. Auf Tellern verteilen. In der restlichen Marinade die Spargelstreifen wenden und auf den Teller setzen.

3 Das Fleisch auspacken, schräg in halbzentimeterdünne Scheiben schneiden und obenauf hübsch dachziegelartig anrichten. Zum Schluss noch die Radieschen in feine Stifte darüberhobeln.

BEILAGE
Dazu braucht man nichts weiter als frisches Weißbrot.

GETRÄNK
Ein würziger Wein, wie zum Beispiel der Muskateller vom württembergischen Weingut Adelmann.

ZUTATEN
Für vier Personen:

2 ausgelöste Kaninchenrückenfilets
Salz, Pfeffer
etwas abgeriebene Zitronenschale
5 EL Olivenöl
1 EL Senf
je 4–6 grüne und weiße, möglichst dicke Spargelstangen
je 2 gute Handvoll Kräuter: Kerbel, Rucola, Kresse, Schnittlauch
eventuell 1 Salatherz
3 EL Zitronensaft
1 Prise Zucker
2 Radieschen

Gekochter Spargel mit Kartoffel-Kerbel-Püree

Eine unwiderstehliche Kombination – niemand wird hier eine fleischige Beilage vermissen! Der Spargel wird ganz klassisch gegart, in einem Sud, den man zunächst mit den Schalen ansetzt, die mit Wasser bedeckt und mit Salz, Zucker und einem guten Stich Butter ausgekocht werden. Wer mag, bereitet daraus später noch eine cremige Spargelsuppe (siehe Tipp).

1 Den Spargel wie gewohnt schälen, aus den Schalen wie oben beschrieben einen Sud kochen – etwa 20, höchstens aber 30 Minuten, damit der Sud nicht bitter wird. Und nur die weißen Schalen verwenden, die vom grünen Spargel liefern zu viel Bitterstoffe, wenig Aroma und auch keine schöne Farbe. Die Schalen aus dem Sud entfernen, die Spargelstangen auf gleiche Länge schneiden – die Abschnitte unbedingt aufbewahren! Den Spargel schließlich bissfest kochen. Dann herausheben, in einem Tuch gut abtrocknen und warm halten, bis alles andere fertig ist.

2 Die Kartoffeln zunächst gar kochen. In der Zwischenzeit Butter und Kerbel mit einer Prise Salz pürieren. Die leuchtend grüne Butter in Folie gewickelt kalt stellen – sie hält sich so problemlos tagelang. Man kann sie auch prima einfrieren!

3 Die Kartoffeln, sobald sie gar sind, pellen und durch die Kartoffelpresse in die eben aufkochende Milch drücken, mit Salz, Pfeffer und Muskat würzen. Am Ende so viel Kräuterbutter unterrühren, bis das Püree schön grün ist und duftet. Auf keinen Fall mit einem Pürierstab arbeiten, sondern mit dem Kochlöffel die Butter unterrühren, sonst wird das Püree nicht duftig, sondern schmierig. Zum heißen Spargel servieren.

GETRÄNK
Ein kraftvoller Weißwein, ein Chardonnay oder ein Pinot grigio aus Norditalien.

ZUTATEN
Für vier Personen:

2 kg Spargel (nach Belieben weiß und grün gemischt)
Salz
Zucker
1 EL Butter

Kartoffel-Kerbel-Püree:
1 kg mehlig kochende Kartoffeln
75 g Butter
1 Handvoll Kerbelblättchen
Salz, Pfeffer
ca. 125 ml Milch
Muskatnuss

TIPP
Für eine cremige und gehaltvolle Suppe die aufbewahrten Abschnitte im durchgesiebten Spargelsud weich kochen, dann alles mit dem Pürierstab absolut fein mixen, gleichzeitig ein gutes Stück Butter mitmixen – das ergibt Geschmack und eine schöne Bindung. Die Suppe kräftig abschmecken, vor allem mit Salz, Muskat und Zitronensaft!

Küchentipp: Spargel schälen

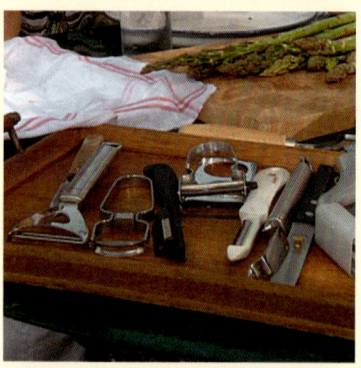

Vor dem Spargelgenuss steht zunächst ein wenig Mühe: Spargel muss man schälen, auch wenn immer wieder gern behauptet wird, man könne es sich in manchen Fällen sparen. Sogar grüner Spargel muss geschält werden, wenn auch erst vom obersten Drittel ab zu seinem Fuß hin. Es sei denn, man hält es wie die Italiener oder Franzosen, die den Spargel vom Kopf her essen und ihn dann zum ungeschälten Ende hin einfach auslutschen, den holzigen Rest lassen sie dann auf dem Teller liegen. Ein größeres Vergnügen ist es immer, wenn man eine sorgfältig von den zähen Schalen befreite Stange bis zum letzten Zentimeter zierlich verspeisen kann …

Wie immer hilft auch hier das entsprechende richtige Gerät: Zum Spargelschälen gibt es die unterschiedlichsten Messer. Meistens ähneln sie dem Kartoffelschälmesser, das man auch dafür einsetzen kann. Allerdings haben sie im Unterschied zu diesen meist ein schärferes, oft sogar nachschleifbares Messer, mit dem gewährleistet ist, dass die Schale auch wirklich abgeschnitten und nicht gerissen wird.

Welche Art von Schälmesser einem am besten liegt, kann man nur ausprobieren. Der Möglichkeiten sind einfach zu viele. Wichtig ist nur: Es sollte nicht zu viel Zeit zwischen dem Schälen und der Zubereitung liegen, sonst trocknen die Stangen unweigerlich aus, da hilft nicht einmal das feuchte Tuch, das immer empfohlen wird, um den Spargel schön frisch zu halten. Deshalb ist nur dann, wenn man den Spargel tatsächlich wenige Stunden später auch verbrauchen kann, das Angebot nützlich, ihn sich vom Gemüsehändler oder Lieferanten bereits schälen zu lassen.

Und dann ist es Geschmackssache, wie man seinen Spargel am liebsten zubereitet: Man kann ihn braten, in Folie garen, im Sud oder im Wasser kochen, stehend (immer die Köpfe nach oben), liegend, im Ganzen oder in Stücken. Oder einfach roh verspeisen.

In jedem Fall sollte man unbedingt den guten alten Spruch beherzigen: Bis Johanni nicht vergessen, sieben Wochen Spargel essen! Denn nach dem Johannitag im Juni ist es mit dem Spargel wieder für ein ganzes Jahr vorbei.

Spargel aus dem Wok

Das klappt stets prima, denn das schnelle Rühren in der heißen Pfanne bewirkt, dass er saftig bleibt und sehr schonend gar wird. Man kann den Spargel pur so braten, Fleisch, Fisch oder Meeresfrüchte zufügen – es passt alles, was eine kurze Garzeit hat. Jetzt im Frühjahr ideal: das ausgelöste Rückenfilet vom Reh, der klassische Maibock ist nicht umsonst berühmt: zart und würzig zugleich. Und im Wok gelingt er einfach perfekt.

1 Das Fleisch sorgfältig von allen Sehnen und Häuten säubern, dann quer in feine Scheibchen schneiden. Mit Speisestärke überpudern, sie gut einreiben.

2 Wenn alle weiteren Zutaten bereitgestellt sind, beide Ölsorten im Wok erhitzen. Zuerst das Fleisch darin unter Rühren braten, dabei mit Salz, Pfeffer und einer Prise Zucker würzen. Gewürfelten Ingwer, Knoblauch, Chili, grünen Pfeffer sowie die Frühlingszwiebeln zufügen und alles gut mischen. Erst dann Erbsen und Spargelstücke in die Pfanne geben. Dabei ständig mit der Bratschaufel umwenden und rühren und immer wieder die neu hinzukommenden Zutaten mit Salz (wenig), Pfeffer (mutig) und Zucker (beherzt) würzen. Am Ende die Sojasauce angießen, auch den Wein und einen Schuss Brühe. Einmal aufkochen und sofort servieren.

BEILAGE
Duftiger, körniger Reis.

GETRÄNK
Ein würziger Weißwein, etwa ein Sauvignon blanc aus Südtirol.

ZUTATEN
Für vier Personen:

300 g ausgelöster Rehrücken
1 TL Speisestärke
2 EL neutrales Öl
1 TL Sesamöl
Salz, Pfeffer und Zucker
je 1 gehäufter TL
fein gewürfelter Ingwer
Knoblauch und rote Chilischote
frischer grüner Pfeffer
2–3 Frühlingszwiebeln in halbzentimeterbreiten Scheibchen
1 Tasse ausgepalte Erbsen
je 4–5 Stangen grüner und weißer Spargel (geschält und schräg in zentimeterschmale Scheiben geschnitten)
1 EL Sojasauce
1 Schuss Weißwein
2–3 EL Brühe

Maibowle

Ein herrliches Getränk für einen lauen Frühsommerabend auf der Terrasse. Aber durchaus auch der Begleiter für ein würziges Gericht – wie unser Spargel auf chinesische Art aus dem Wok.

1 Den Waldmeister ein paar Stunden liegen lassen, damit er ein wenig welkt, so treten die ätherischen Würzöle besser zutage.

2 Mit der Zitronenschale zusammenbinden und mit dem Wein übergießen. Nur 1 bis 2 Minuten darin ziehen lassen, dann darf man das Sträußchen wieder entfernen – sonst wird der Duft zu stark.

3 Mit Sekt auffüllen und servieren.

ZUTATEN
Für etwa vier bis sechs Personen:

1 Sträußchen Waldmeister
2 Streifen dünn abgeschnittene Zitronenschale
1 Flasche Riesling
(am besten von der Mosel)
1 Flasche Rieslingsekt von der Mosel

TIPP
In einem Bowlenkrug servieren, der durch Eiswürfel in einem Glaseinsatz das Getränk schön kühl hält.

Rhabarberstäbchen mit Erdbeersalat

Der Rhabarber bekommt hier nicht nur eine ungewohnte Form, er wird auch ziemlich ungewöhnlich gewürzt.

1 Den Rhabarber in kleinfingerdünne Streifen schneiden, diese möglichst akkurat auf die Größe der feuerfesten Form zuschneiden – die Stäbchen sollten sehr exakt zugeschnitten sein, damit sie später auf dem Teller ein schönes Bild ergeben. Mit dem Zucker gleichmäßig bestreuen. Ingwer, Zitronenschale, entkernte Chilischote und die aus der Kapsel gelösten Kardamomkernchen miteinander sehr fein hacken und dabei mischen. Gleichmäßig über die Rhabarberstäbchen verteilen. Zum Schluss alles mit Zitronensaft und Honiglikör beträufeln.

2 Die Form in den kalten Backofen stellen, den Thermostat auf 200 °C (Ober-/Unterhitze; Umluft 180 °C) stellen; sobald er die Temperatur erreicht hat, den Ofen wieder ausschalten. Nach gut 10 Minuten die Form aus dem Ofen holen. Den Saft in eine kleine Kasserolle abgießen und rasch sirupartig einkochen. Über den Rhabarber gießen und abkühlen lassen.

3 Für den Erdbeersalat die Früchte senkrecht in Scheibchen schneiden, mit Zucker und Orangenschale würzen und mit einem guten Schuss Orangensaft marinieren.

4 Zum Servieren ein Quadrat von Rhabarberstäbchen möglichst exakt auf den Teller betten. Rechts davon einen Klecks Erdbeersalat setzen, links davon einen Klecks geschlagene Sahne.

GETRÄNK
Ein Gläschen Likör oder auch ein prickelnder Sekt.

ZUTATEN
Für vier Personen:

4–6 Rhabarberstangen (je nach Größe)
3 gehäufte EL Zucker
je 1 flacher TL fein gewürfelte(r) oder geriebene(r) Ingwer und Zitronenschale
½ bis ganze Chilischote
2 Kardamomkapseln
2 EL Zitronensaft
2 EL Honiglikör (oder 1 TL Honig, verrührt mit 1 EL Cognac)

Erdbeersalat:
500 g Erdbeeren
2–3 EL Zucker
1 Orange

Außerdem:
200 g Sahne

Sauce hollandaise

Sauce hollandaise
Die Traumsauce zu Spargel, Spinat und Co.

Heute steht eine Sauce im Mittelpunkt, die berühmte Sauce hollandaise – sie ist vor allem in der Spargelzeit buchstäblich in aller Munde. Und weil man immer öfter, sogar in Restaurants, keine echte, also mit Butter aufgeschlagene Hollandaise mehr aufgetischt bekommt, sondern oft nur die blasse Schwester aus der Tüte, wollen wir zeigen, wie wunderbar einfach man diese köstliche Sauce selber machen kann. Übrigens passt diese wundervolle schaumig-duftige Sauce durchaus nicht nur zum Spargel, sondern erhebt praktisch jedes Gemüse in den Adelsstand. Sie schmeckt zu Fisch so perfekt wie zum Steak und man kann sie mit wenig Zutun immer wieder abwandeln. Sie gilt als ebenso delikat wie kompliziert. Wir behaupten aber: Im Grunde ist alles ganz einfach! Vergessen Sie zunächst mal all die komplizierten Vorschriften, wie zum Beispiel Butter klären und mit dem Wasserbad hantieren – was das klassische Rezept vorschreibt! Alles, was Sie brauchen, ist der richtige Topf. Und natürlich ein paar Tricks, die wir Ihnen hier ganz genau erläutern. Der wichtigste Trick von allen: Nehmen Sie dafür gute Süßrahmbutter; sie ist sauber und klar im Geschmack, enthält keine Säurebakterien, auch nicht so viel Molke, die die Bindung beeinträchtigen könnte. Deshalb ist damit alles ganz leicht.

Ein Wort zur Butter!

Die Butter für eine solche Sauce sollte natürlich so frisch wie möglich sein, denn jeglicher Geschmacksstich tritt hier eben deutlich vor. Das ist zwar eine Binsenweisheit, man sollte aber trotzdem auf das Haltbarkeitsdatum schauen. Auch sollte man lieber deutsche Markenbutter verwenden (die wirklich aus Sahne erzeugt wurde!), keine billige Molkereibutter aus Molkerahm. Diese Markenbutter – darauf sollten Sie unbedingt immer achten, wenn Sie die Butter zum Kochen und Backen verwenden wollen – sollte aus Süßrahm hergestellt sein, nicht aus gesäuerter Sahne, denn diese gerinnt leicht und geht keine so schöne Bindung ein.

Und wenn Sie jetzt sagen: Mein Gott, so viel Butter, das kann ja gar nicht gesund sein! Dann haben Sie vielleicht recht – aber auch hier ist es natürlich wie so oft: Die Dosis bestimmt, ob es Gift ist. Man isst eine solch üppige Sache ja nicht alle Tage und bitte sowieso nicht in rauen Mengen. Und wer Cholesterinprobleme hat, sollte vielleicht lieber eine andere Sauce für den Spargel verwenden...

Grundrezept Sauce hollandaise

1 Nehmen Sie eine Stielkasserolle – sie sollte einen dicken Boden haben, der die Hitze gut leitet. Der Stielgriff ist wichtig, damit man den Topf leicht vom Herd ziehen und wieder hinschieben kann, wenn es im Topf zu heiß wird und man trotzdem mit der anderen Hand ständig die Sauce rührt.

2 Die Zwiebel oder Schalotte fein würfeln, mit dem Wein in die Kasserolle geben, die mit dem Fleischklopfer (oder Pfannenboden) zerdrückten Pfefferkörner, das Lorbeerblatt sowie die Zitronenschale zufügen. Köcheln, bis nur noch 2 Esslöffel Flüssigkeit übrig sind. Durch ein Sieb filtern und zurück in den Topf geben.

3 Die Eigelbe zufügen, den Topf dafür zunächst vom Feuer ziehen, damit sie nicht zu heiß werden, dann unermüdlich mit dem Schneebesen schlagen, bis sie sich mit der Reduktion zu einer hellen Creme verbunden haben. Man nennt das „Emulsion". Erst jetzt nach und nach die Butter in kleinen Stückchen hinzugeben. Dafür den Topf immer wieder auf die Herdplatte stellen, denn jetzt muss die Hitze so reguliert werden, dass die Butter schmilzt und sich mit dem Eigelb verbindet, aber nicht so heiß wird, dass dieses gerinnt.

> ### TIPP
> *Die Weißweinreduktion ist ein Würzkonzentrat, das der Sauce ihren Geschmack verleiht. Sie ist aber nicht unbedingt nötig: Manche Köche schwören darauf, die Eigelbe mit 1 Löffel Wasser und etwas Salz aufzuschlagen – so tritt der reine Eigeschmack noch deutlicher zutage.*

ZUTATEN:
Für vier Personen:

Weißweinreduktion:
1 Schalotte oder kleine Zwiebel
125 ml Weißwein
4 Pfefferkörner
1 Lorbeerblatt
1 Stückchen Zitronenschale

Außerdem:
2 Eigelb
200 g Süßrahmbutter
1 Spritzer Zitronensaft
Salz
1 gute Prise Zucker
etwas Muskatnuss oder Macis
ein paar Tropfen Worcestershiresauce oder eventuell auch einen Tropfen Balsamico

TIPP

Die Sauce auf keinen Fall warm halten, auch wenn sich die Gäste verspäten! Lieber abkühlen lassen, dann neu erwärmen, wenn alle am Tisch sitzen: ganz langsam, dabei unermüdlich mit dem Schneebesen rühren und den Topf immer wieder von der heißen Herdplatte ziehen! Auf keinen Fall richtig heiß werden lassen, weil sie sonst leider gerinnt – es genügt ja ohnehin, wenn die Sauce eben lauwarm ist.

4 Wenn die Butter vollständig verarbeitet ist, sollte die Sauce cremig, dicht und goldgelb sein. Jetzt mit Zitronensaft (die Säure ist wichtig für die Bekömmlichkeit!), auf alle Fälle Salz, 1 Prise Zucker (macht die Sache rund) und eventuell mit einem Hauch Muskat, einem Spritzer Worcestershiresauce oder Balsamico gut abschmecken.
Und möglichst sofort servieren, zum Beispiel zu Spargel und kleinen Petersilienkartöffelchen.

BEILAGE

Gekochter oder roher Schinken in hauchdünnen Scheiben, ein saftig gebratenes oder paniertes Schnitzel – ganz nach Geschmack.

GETRÄNK

Ein kraftvoller üppiger Wein, der aber dennoch eine schöne Säure haben muss, damit er gegen die Buttrigkeit der Sauce ankommt und für bessere Bekömmlichkeit sorgt. Zum Beispiel ein Chasselie, dessen Name sich von *Chasselas,* französisch für Gutedel, und *lie,* französisch für Hefe, ableitet, ein herzhafter Wein aus dem Markgräfler Land in Südbaden.

Wozu eine Sauce hollandaise auch noch passt: zu feinen Gemüsen aller Art, wie Blumenkohl und Broccoli; zu gedünsteten Lauchstangen, Erbsen, Möhren und Kohlrabi.

Spinatgratin mit Champignons

Als Portionsgericht in kleinen Gratinförmchen angerichtet eine feine Vorspeise, aus der großen Auflaufform ein ganzes Gemüsegericht. Wichtig: Wenn man die Hollandaise zum Überbacken nimmt, müssen alle Zutaten schon gar sein, auch bereits heiß, bevor die empfindliche Sauce darüberkommt. Sonst dauert es zu lange, bis alles brodelt, und die zarte Sauce fällt zusammen.

1 Den Spinat sorgfältig verlesen, dicke Stiele abknipsen, die Blätter gründlich mehrmals waschen, dann in reichlich aufkochendem Salzwasser zugedeckt schnell einmal aufwallen lassen. Dann abgießen, eiskalt abschrecken – damit die schöne grüne Farbe erhalten bleibt – und nochmals gut abtropfen. Tiefkühlspinat bei Zimmertemperatur auftauen und auseinanderzupfen.

2 In einer Pfanne die sehr fein gewürfelte Zwiebel in 2 Löffeln Öl andünsten, den gehackten Knoblauch und die entkernte, winzig gewürfelte Chilischote zufügen, erst dann kommt der Spinat dazu. Alles mischen, mit Salz, Pfeffer und Muskat würzen, einmal kräftig aufkochen. In eine große flache Auflaufform oder in 4 Portionsförmchen verteilen.

3 In derselben Pfanne das restliche Öl erhitzen und die blättrig geschnittenen Champignons darin anbraten. Salzen und pfeffern sowie mit Zitronenschale würzen. Die Hitze so regulieren, dass die Pilze wirklich braten und kein Wasser ziehen – sonst alle Flüssigkeit auf starker Hitze rasch verdampfen lassen. Die Pilze auf dem Spinat gleichmäßig verteilen.

4 Die Sauce nach Rezept zubereiten und auf dem Gemüse verteilen. Im 220 °C (Heißluft; Ober-/Unterhitze 240 °C) heißen Backofen etwa 10 Minuten überbacken – auf jeden Fall nur so lange, bis alles zarte braune Stellen zeigt. Dann sofort auf den Tisch damit!

ZUTATEN
Für vier Personen:

1 kg frischer Blattspinat
(oder 450 g tiefgekühlt)
Salz
1 Zwiebel
4 EL Olivenöl
3–4 Knoblauchzehen
1 kleine frische Chilischote
Pfeffer
Muskatnuss
300 g Champignons
abgeriebene Zitronenschale
½ Rezept Sauce hollandaise

BEILAGE
Nichts weiter als frisches Brot!

GETRÄNK
Ein würziger Weißwein mit knackiger Säure, ein Sauvignon blanc aus der Pfalz etwa, auch aus Württemberg oder aus Baden.

Sauce mousseline

Die Sauce hollandaise lässt sich leicht abwandeln: Einen Löffel geschlagene Sahne vorsichtig unterziehen, so wird sie zur Mousseline – also zur noch duftigeren Schaumsauce. Sie wird dadurch leichter und passt zum Beispiel zu Forelle.

1 Die Forelle packt man in ein ausreichend großes Stück Alufolie. Zuerst der Forelle ein Stück Butter und zwei Petersilienzweige in den Bauch stecken, sie salzen und pfeffern, die Folie über dem Fisch verschließen.

2 Bei 200 °C (Heißluft; Ober-/Unterhitze 220 °C) im vorgeheizten Backofen ca. 10 bis 15 Minuten gar ziehen lassen. Sie ist fertig, wenn sie auf zarten Fingerdruck an der dicksten Stelle am Rücken sanft nachgibt.

BEILAGE
Dazu passen kleine Pellkartöffelchen.

GETRÄNK
Ein herzhafter, säurestarker Riesling, zum Beispiel aus der Pfalz.

Sauce maltaise

Zur Malteser Sauce wird die Sauce hollandaise, indem man etwas abgeriebene Orangenschale und möglichst dunklen, also Blutorangensaft unterrührt – auch so passt sie vorzüglich zu Fisch.

Dafür Portionsstücke vom Zander-, Loup-de-mer- oder Steinbeißerfilet auf der Hautseite leicht mit Mehl bestäuben, dann in einer Mischung aus Butter und Öl kräftig anbraten, dabei salzen und pfeffern. Erst zum Schluss die Fischstücke rasch umdrehen und auch auf der Fleischseite kurz braten. Mit der Sauce maltaise hübsch anrichten.

BEILAGE
Besonders gut passen dazu ein paar Stangen grüner Spargel.

GETRÄNK
Ein duftiger Silvaner, aus Württemberg oder aus Franken, oder ein kräftiger Chardonnay aus Sizilien.

Sauce béarnaise

Auch sie wird nach demselben Prinzip zubereitet wie die Sauce hollandaise. Die Reduktion wird jedoch mit Weißwein und Estragonessig angesetzt, man lässt auch frischen Estragon mitkochen, damit der Würzsud sehr intensiv nach Estragon schmeckt.

1 Weißwein, Essig, von den Blättchen befreite Estragonstiele, die zerdrückten Pfefferkörner und die gewürfelte Schalotte einkochen. Durch ein Sieb filtern.

2 Dann die Eigelbe zu diesem Sud geben (nach Belieben im Wasserbad), dick und schaumig rühren, die Butter stückchenweise unterschlagen und die Sauce schließlich sehr kräftig abschmecken. Am Ende reichlich fein geschnittene Estragonblättchen unterrühren.

ZUTATEN
Für vier Personen:

Weißwein-Estragon-Reduktion:
5 EL Weißwein
2–3 EL Estragonessig
4 Estragonzweige
½ TL zerdrückte Pfefferkörner
1 Schalotte

Außerdem:
2 Eigelb
200 g frische Süßrahmbutter
Salz

BEILAGE
Diese Sauce mit ihrem kräftigeren Aroma ist der klassische Begleiter zu einem dicken, möglichst blutig gebratenen Steak oder zu Roastbeef. Wir lieben sie auch zum gebratenen Lammrücken. Perfekt dazu: gedünsteter Bleichsellerie und als Farbklecks mitgebratene Tomätchen.

GETRÄNK
Ein üppiger Rotwein, der gut zum Fleisch passt, etwa ein Bordeaux. Sehr elegant aber auch ein Cabernet Sauvignon aus deutschen Landen, zum Beispiel aus Baden.

TIPP
Unbedingt den aromatischen französischen Estragon nehmen, der einen leicht aniswürzigen Duft hat, nicht den deutschen oder russischen, der eher grasig schmeckt.

Zabaione

Nach demselben Prinzip entsteht einer der schönsten Dessertklassiker: eine duftige Sabayon, wie sie in Frankreich heißt, oder die Zabaione, wie man in Italien dazu sagt – aufgeschlagen wird statt mit Butter mit einem aromatischen Wein, einem möglichst süßen, gehaltvollen Wein. In diesem letzteren Fall nimmt man übrigens klassischerweise Marsala, den berühmten Süßwein aus Sizilien.

1 Einen guten Schuss Wein in einer Stielkasserolle erhitzen, die Eigelbe zufügen, dabei kräftig mit dem Schneebesen schlagen, bis die Masse dick und cremig wird, dabei den Zucker zufügen. Schließlich den Wein unter die heiße Eigelbmasse schlagen, bis eine dicke, duftende Creme entstanden ist.

2 Die Früchte, zum Beispiel Erdbeeren, putzen, waschen, in Scheibchen schneiden. Mit etwas Honig, Zitronen- oder Orangenlikör, Zitronen- oder Orangenschale und -saft marinieren. In Portionsschälchen oder tiefe Teller verteilen und die warme Sauce darübergießen. Sofort, also noch warm, servieren.

GETRÄNK
Dazu am besten den Wein reichen, mit der die Zabaione aufgeschlagen wurde.

ZUTATEN
Für vier Personen:

ca. 200 ml Wein (Banyuls, Portwein, Cream Sherry oder Marsala)
2 Eigelb
2 EL Zucker
ca. 600 g Früchte der Saison, zum Beispiel Erdbeeren
2 EL flüssiger Honig
2 El Zitronen- oder Orangenlikör
etwas Saft und Schale von 1 Zitrone oder Orange
Zitronenminze oder -melisse

TIPP
Wenn der Honig zu fest ist, ihn kurz in der Mikrowelle erwärmen und verflüssigen.

Edel und leicht:
Lachs

Lachs
Pfiffige Rezepte – leicht zubereitet

Lachs gilt immer als der feine Edelfisch. Aber man kann diesen feinen Fisch durchaus überall kaufen, frisch oder tiefgekühlt – deshalb wollen wir heute ein paar schöne Rezepte zeigen. Roh – auf japanische Art als Sashimi, mediterran als Carpaccio und als Tatar. Als Kotelett dünsten wir ihn in der Folie im Backofen. Wir lassen dicke Schnitten in Olivenöl gar ziehen und machen daraus schließlich auch noch eine pfiffige sommerliche Pastasauce.

Den ganzen Fisch kann man ja nur für eine große Festtagsrunde brauchen – dann aber ist er ein wahrhaft eindrucksvolles Glanzstück.
Für kleinere Gesellschaften genügen also Teile vom prächtigen Fisch. Deshalb wird er meist als Filet angeboten. Schön sind aber auch sogenannte Koteletts, die man als dicke Scheiben vom ganzen Fisch herunterschneidet.

Japanisches Sashimi

In Japan werden Lebensmittel von allerbester Qualität roh gegessen – so zeigt sich der wahre Eigengeschmack am allerbesten. Und man bemisst das Können eines Kochs danach, wie wenig er kocht ... Also genügt ein schönes Stück aus dem sorgfältig ausgelösten Filet – darum kann man seinen Fischhändler bitten.

1 Das Filetstück längs halbieren, dann jede Hälfte schräg in halbzentimeterdünne Scheiben schneiden. Auf einer Platte dachziegelartig anrichten.

2 Wasabipulver mit einigen Tropfen Wasser anrühren, es soll eine dicke Paste entstehen. Ca. 5 Minuten durchziehen lassen. Dann einen kleinen Kegel daraus formen und neben den Lachstranchen anrichten. Den eingelegten Ingwer abgetropft in einem Extraschälchen anrichten.

BEILAGE
Japanische – also eine sehr helle, leichte – Sojasauce (ausschließlich aus Sojabohnen gebraut – im Gegensatz zur chinesischen Variante, für die meist noch Getreide verwendet wird und die deshalb dunkler in der Farbe ist und kräftiger schmeckt). Jeder Gast verrührt eine kleine Messerspitze Wasabi (Achtung: sehr scharf!) mit etwas Sojasauce und stippt Bissen für Bissen das Lachsfleisch hinein.

GETRÄNK
Ein zarter grüner Tee. Übrigens: Nie mit sprudelnd kochendem Wasser aufbrühen, sondern nach dem Aufwallen einige Sekunden lang wieder abkühlen lassen – die Teeblätter werden sonst zu sehr ausgelaugt. So bleibt das Aroma besser erhalten.

ZUTATEN
Für vier Personen:

250 g makelloses Lachsfilet
1 EL Wasabipulver
100 g Shoga Gari (japanischer eingelegter Ingwer)
japanische Sojasauce

Lachscarpaccio mediterran

Auch in Europa ist es weit verbreitet, Fisch roh zu essen. Vor allem in Süditalien (aber nicht nur dort) haben die Fischer schon immer gern am liebsten sofort, noch im Boot, den Fisch verspeist. Entscheidend für den Genuss ist natürlich (wie immer, wenn man Fisch roh essen möchte): absolute Frische! Der Fisch muss appetitlich nach Meeresbrise duften, nicht unangenehm nach Fisch riechen.

1 Das Lachsfilet schräg mit einer langen, dünnen Messerklinge in möglichst große und dünne Scheiben schneiden. Diese Scheiben zwischen zwei Lagen Klarsichtfolie betten und dann mit einem Fleischklopfer oder mit der breiten Klinge eines großen Messers sanft auseinanderschieben.

2 Die Vorspeisenteller mit Olivenöl beträufeln und mit etwas normalem Salz und Pfeffer bestreuen. Die Lachsscheiben locker darauf drapieren, mit fein geschnittenen Schnittlauchröllchen bestreuen, mit Fleur de Sel würzen und sie mit einer dünnen Linie von Olivenöl beträufeln.

3 Etwas Zitronenschale mit einer feinen Reibe darüberreiben. Fertig ist eine eindrucksvolle Vorspeise, die nun wirklich kaum Mühe macht.

ZUTATEN
Für vier Personen:

ca. 300 g Lachsfilet
3–4 EL Olivenöl
Salz (normales Salz, eventuell auch Fleur de Sel)
Pfeffer
Schnittlauch
1 unbehandelte Zitrone

BEILAGE
Frisches Baguette.

GETRÄNK
Ein kraftvoller Weißwein, entweder ein Riesling aus der Pfalz mit seiner ausgeprägten Säure oder ein Weißburgunder aus Württemberg, der runder, üppiger ist und vielleicht harmonischer wirkt.

Lachstatar mediterran

Wenn das Stück Lachsfilet keine akkuraten Scheiben mehr abgibt, dann macht es in einem Tatar allemal noch eine gute Figur als Appetithappen und schmeckt prima zum Aperitif!

1 Das Lachsfleisch mit einem scharfen Messer fein würfeln, mit zerriebenem Knoblauch, sehr fein gehackter Petersilie, Salz, Pfeffer und einer Spur Zitronenschale mischen. Nur wenige Tropfen Olivenöl untermischen, um das Tatar geschmeidig zu machen. Nach Geschmack ein wenig fein geschnittene Kräuter einarbeiten. Einige Minuten durchziehen lassen.

2 Zum Servieren die Gurke längs mit einem Sparschäler so schälen, dass rundum Streifen stehen bleiben. Sie dann quer in gut halbzentimeterdicke Scheiben schneiden. Nebeneinander auf einer Platte anrichten. Jeweils ein Häufchen Lachstatar in die Mitte jeder Scheibe setzen: ein fabelhafter Appetithappen oder eine hübsche Vorspeise.

GETRÄNK
Der Aperitifwein. Er darf ruhig prickeln. Gut passt auch ein Pils!

ZUTATEN
Für vier Personen:

ca. 300 g Lachsfilet
1–2 Knoblauchzehen (möglichst junger aromatischer Knoblauch!)
2 Stiele glatte Petersilie
Salz
Pfeffer
Zitronenschale
etwas Olivenöl
nach Belieben Minze, Basilikum oder Dill

Außerdem:
1 Salatgurke

Warenkunde Lachs

Wo Lachs auf der Speisekarte steht oder ein Büfett ziert, soll das zeigen: Hier wird nicht gespart, es gibt vom Feinsten. Obwohl dieser stattliche Fisch auch schon an Nimbus eingebüßt hat, weil man ihm eine Zeit lang bei der Zucht ziemlich übel mitgespielt hat. Nicht umsonst hat man ihn deshalb schon das „Brathähnchen des Wassers" genannt und damit die Zuchtbedingungen in manchen Gegenden mit der üblen Käfighaltung für Geflügel verglichen.

Es ist also wichtig, darauf zu achten, was man bekommt, wenn man Lachs einkauft. Unter diesem Begriff werden nämlich zwei in der Qualität ziemlich weit voneinander entfernte Fischarten verkauft: der atlantische Lachs aus Europa, Salmo salar, und der pazifische, Oncorhynchus.

Was bei uns an Lachs auf den Tisch kommt, stammt im Allgemeinen aus der Zucht. Im Idealfall geschieht diese in riesigen, im offenen Meer verankerten Gehegen, weit vor der Küste, damit die echten, wilden Brüder davon nicht behelligt werden. In Süßwasser herangezogene Jungfische werden in diese Anlagen ausgesetzt, sobald sie das Salzwasser vertragen. Ob sie dann als ausgewachsene Tiere gut schmecken, wird durch ihre Lebensbedingungen bestimmt, die selbstverständlich artgerecht sein sollten. Solche Lachse kann man bei guten Fischhändlern finden. Sie sind immer zertifiziert, meist als Bio-Lachs, kommen aus Norwegen, Schottland oder Irland und haben natürlich ihren Preis. Bei Wildlachs hingegen handelt es sich meist

 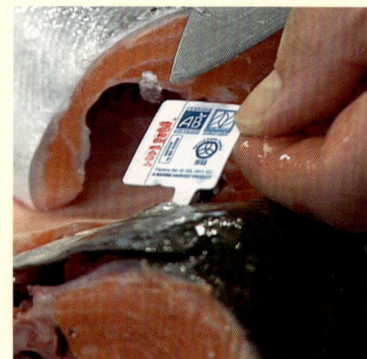

um den pazifischen Vetter, den Oncorhynchus. Man erkennt den pazifischen Wildlachs immer an seiner Farbe, sein Fleisch ist dunkler, bis ins tiefe Orange – von zart lachsfarben kann da keine Rede mehr sein. Beim Lachs ist übrigens der einfache Schluss durchaus richtig: Wenn er zu billig ist, kann er nicht von guter Qualität sein.

Wie Lachs angeboten wird

Man kann Lachs frisch oder tiefgekühlt kaufen, gebeizt oder geräuchert, als Ganzes (mit oder ohne Kopf), die halbe Seite als Filet, quer durch den ganzen Fisch zu Koteletts geschnitten oder als Schnitte oder Schnitzel. Es ist ein fett- und eiweißreicher Fisch, trotzdem haben 100 Gramm nur ca. 130 beziehungsweise 170 Kalorien (pazifischer Lachs); beide Sorten sind reich an einfach und mehrfach ungesättigten Fettsäuren, auch an wichtigen Omega-3-Fettsäuren, die so bedeutend für den Cholesterinhaushalt sind. Er liefert Mineralstoffe wie Kalzium, Kalium und Phosphor, ist leicht, gut verdaulich, bekömmlich, ohne zu belasten – die reinste Schonkost, ein rundum empfehlenswertes Lebensmittel. Und obendrein, wenn man das Fischfleisch richtig zubereitet, wahrlich eine Delikatesse.

Lachskoteletts auf Kartoffelschnee

Leider sind Lachskoteletts ein wenig aus der Mode geraten. Das ist schade, denn an der Gräte gegart bleibt das Fischfleisch länger saftig. Wie bei jedem Fisch reagiert das eiweißreiche Fleisch empfindlich auf Hitze – zu langes oder zu heißes Garen macht ihn trocken, deshalb sind Garmethoden angesagt, die behutsam damit umgehen.

ZUTATEN
Für vier Personen:

4 schöne Lachskoteletts
(quer durch den ganzen
Fisch geschnitten, jeweils
ca. 4–5 cm dick, à 120 g)
Salz
Pfeffer
1 Zitrone
glatte Petersilie
3–4 EL Olivenöl
300 g Champignons
1 Bund Frühlingszwiebeln
1 frische rote Chilischote
1 Handvoll Kerbel

Außerdem:
500 g mehlig kochende Kartoffeln

1 Die Lachskoteletts salzen und pfeffern, mit Zitronenschale und gehackter Petersilie würzen und mit Olivenöl bestreichen. In einer Schüssel durchziehen lassen, bis alle Vorbereitungen erledigt sind: Die Pilze putzen, blättrig schneiden und in etwas Olivenöl in einer Pfanne andünsten. Dabei das Weiße der Frühlingszwiebeln in feinen Scheibchen zufügen, ebenso die entkernte, fein gewürfelte Chilischote. Diese Pilze in einen ausreichend großen Bratschlauch (oder einen anderen hitzebeständigen Folienbeutel) füllen und sie darin wie ein Bett ausbreiten. Darauf die gewürzten Lachskoteletts setzen – die natürlich jetzt nebeneinander und nicht übereinander liegen sollen.

2 Das Paket auf einem Blech in den auf 180 °C (Heißluft; Ober-/Unterhitze 200 °C) vorgeheizten Ofen schieben. Die Fischscheiben sind nach ca. 15 bis 20 Minuten gar – je nach Dicke der Tranchen; nicht länger – so bleiben sie durch und durch saftig. Zum Überprüfen des Garpunkts das Paket öffnen und mit dem Finger prüfen: Das Fischfleisch bietet auf leichten Druck sanften Widerstand, wenn es gar ist.

3 Schließlich den Saft, der sich im Paket gebildet hat, mit Zitronensaft, Kerbel und 2 bis 3 Esslöffel Olivenöl zu einer cremigen Sauce aufmixen. Abschmecken!

4 In der Zwischenzeit die Kartoffeln schälen, in Salzwasser gar kochen, unmittelbar vor dem Servieren durch eine Presse drücken und als Bett auf Tellern verteilen. Darauf die Fischkoteletts anrichten, die Pilze drumherum verteilen, alles mit der Sauce beträufeln und sofort servieren.

GETRÄNK
Dazu gibt's ein Glas Weißwein, das die Verdauung ankurbelt: Genuss ohne Reue!

Pasta mit Lachs

Der Klassiker auf vielen Speisekarten – hier unsere Version: Wir nehmen dafür eher feine Nudeln, entweder das ganz dünne Engelshaar, also sehr feine Spaghetti, oder sehr feine Tagliolini, also Eiernudeln.

1 In einem großen Topf Wasser aufsetzen. Erst wenn es kocht, salzen. Die Pasta nach Vorschrift darin bissfest kochen.

2 In einer großen Pfanne die fein gewürfelte rote Zwiebel in Olivenöl andünsten, ordentlich grob gehackten Knoblauch und schließlich kleine gehäutete Cocktailtomaten – halbiert oder sogar geviertelt, wenn sie sehr groß sind – dazugeben. Fein gehackte Petersilie mitdünsten und die Pinienkerne dazugeben. Salzen, pfeffern und mit einem Spritzer Nudelkochwasser beziehungsweise mit einem Schuss Weißwein ablöschen.

3 Das Lachsfilet in Würfel schneiden und mit Salz, Pfeffer und abgeriebener Zitronenschale würzen. In die Pfanne geben und sofort auch die tropfnasse, frisch gekochte Pasta hinzufügen. Alles behutsam mischen und sofort in vorgewärmten Tellern servieren.

BEILAGE
Kein Käse! Denn wie sagt der berühmte sizilianische Commissario Montalbano? „Selbst eine Hyäne – eine Hyäne, die sich von Aas ernährt – würde sich beim Anblick von Käse auf dieser Pasta mit Lachs mit Grausen abwenden …"

GETRÄNK
Ein kräftiger Rotwein aus Sizilien.

ZUTATEN
Für vier Personen:

400 g feine Pasta
Salz
1 rote Zwiebel
3 EL Olivenöl
3–4 Knoblauchzehen
250 g Cocktailtomaten
3 Stiele glatte Petersilie
(oder Basilikum)
1 Händchen voll Pinienkerne
Pfeffer
eventuell 1–2 EL Weißwein
300 g Lachsfilet
etwas frisch abgeriebene
Zitronenschale
Zitronensaft zum Abschmecken

Lachsschnittchen mit Vanilleduft

1 Die Lachstranchen rundum mit Pfeffer und Salz würzen, dann in einen möglichst passenden Topf betten, der die Teile gerade eben aufnimmt: Je genauer der Topf passt, desto weniger Öl braucht man, um die Fischstücke zu bedecken.

2 Die Vanilleschote quer halbieren, zwischen die Fischstücke in den Topf legen. Jetzt das Öl langsam erhitzen. Der Siedepunkt darf auf keinen Fall erreicht werden. Es soll nur so heiß werden, dass man mit dem Finger gerade noch eben hineinfassen kann – etwa 65 °C. Den Fisch darin ca. 10 Minuten gar ziehen lassen – er wird in dieser Zeit ein ganz kleines bisschen weißlich an der Außenseite und sein Fleisch öffnet sich ein wenig in einzelne Schichten.

SAUCE

Eine kleine Sauce ist dann ganz schnell gemixt: 3 bis 4 Esslöffel Olivenöl samt dem Fischsaft, der sich am Topfboden gesammelt hat, in einem Becher cremig aufmixen, dabei die Kräuter zufügen und mit einem milden Essig oder der Zitrone würzen.

ZUTATEN
Für vier Personen:

je nach Dicke des Filets 1 oder 2 gut fingerdicke Tranchen vom Lachsfilet (pro Portion ca. 100 g)
Pfeffer
Salz
1 Vanilleschote
ca. 250 ml Olivenöl
3–4 Petersilienstiele oder Koriandergrün
2 El milder Essig (z. B. Apfelessig) oder Zitronensaft

Außerdem:
ca. 800 g grüner Spargel
4 Scheiben Weißbrot
2–3 EL Olivenöl
Zitronenschale

TIPP
Das Öl schüttet man anschließend nicht weg, sondern füllt es in ein Schraubglas: So kann es immer wieder für Fischgerichte verwendet werden.

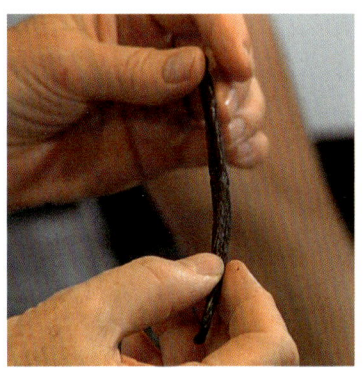

> **TIPP**
> *Die Vanilleschote trocknen, dann mit Salz zu feinem Pulver mixen. Mit diesem Vanillesalz vor allem Fisch würzen – das gibt ihm einen geheimnisvollen Duft.*

SERVIEREN
Die Fischtranchen auf den Tellern hübsch anrichten und mit Sauce beträufeln.
Den grünen Spargel in der Zwischenzeit schälen und ganz kurz in wenig Wasser bissfest kochen. Gründlich abtropfen lassen und neben dem Fisch anrichten.
Die Brotscheiben zentimeterklein würfeln und in etwas Olivenöl kross braten, dabei mit etwas abgeriebener Zitronenschale würzen.

BEILAGE
Frisches Brot – wer meint, nicht satt zu werden, kann auch ein paar Kartoffeln dazu servieren.

GETRÄNK
Hierzu muss der Wein eigenständig genug sein, um dem Vanilleparfüm Widerpart sein zu können. Ein gehaltvoller Weiß- oder Grauburgunder passt gut oder auch ein Chardonnay, zum Beispiel aus der Pfalz.

Sommerliche Braten

Sommerliche Braten
Der Duft nach Sommer, Sonne, Ferien

Man könnte ja denken, das ist ein Widerspruch in sich: Ein Braten gehört doch eher in die kalte Jahreszeit, im Sommer will man lieber grillen, feiert fröhliche Feste draußen. Wo liegt der Widerspruch? fragen wir. Natürlich müssen sommerliche Braten leicht sein. Mit frischen Kräutern, mit viel sonnenduftendem Gemüse und man muss sie auch kalt essen können. Und dann machen sie auch auf dem Büfett fürs Sommerfest eine gute Figur.

Schweinefilet mit Olivencreme

Ein kleiner Braten, nur für zwei, höchstens drei Personen

1 Das Filet rundum von Häuten und Sehnen säubern, mit Salz und Pfeffer einreiben und im heißen Öl langsam und geduldig von allen Seiten anbraten. Rosmarin- und Thymianzweige ins Bratfett legen, ebenso die zerdrückten Knoblauchzehen. Wenn das Fleisch richtig appetitlich gebräunt ist, den Wein angießen, einmal aufkochen und die Pfanne anschließend in den 80 °C (Heißluft; Ober/Unterhitze 100 °C) warmen Backofen stellen. Das Fleisch jetzt etwa 30 Minuten nachziehen lassen.

2 In der Zwischenzeit die Olivencreme mixen: Alle Zutaten im Mixbecher mit dem Pürierstab zu einer glatten, cremigen, geradezu mayonnaiseartigen Sauce pürieren. Sollte sie zu dick sein, einen Schuss Brühe angießen und mitmixen. Kräftig abschmecken.

3 Zum Servieren jeweils einen Klecks dieser Creme in der Tellermitte verstreichen. Das Fleisch schräg in dünne Scheiben schneiden und hübsch darauf anrichten, mit etwas Bratenfond aus der Pfanne beträufeln. Jeweils eine dekorative Linie Olivencreme auf der freien Tellerfläche ziehen – bitte nicht auf dem Tellerrand: Der muss immer frei bleiben! Die restliche Olivencreme in einer Sauciere getrennt dazu reichen, damit sich jeder noch nachnehmen kann.

BEILAGE
Kleine, in Olivenöl gebratene Kartöffelchen und Tomatensalat oder einfach frisches, knuspriges Brot.

GETRÄNK
Ein säurefrischer, leichter Rosé oder Schillerwein.

TIPP
Aus einem Rest wird am nächsten Tag noch eine bildschöne Vorspeise. Ein Häufchen Salatblätter in die Tellermitte setzen (Kresse oder Kräuter). Das in sehr dünne Scheiben (Aufschnittmaschine) geschnittene Schweinefilet darauf drapieren. Die Olivencreme mit einem Schuss Brühe aufmixen und über das Fleisch klecksen. Mit Balsamico ebenso dekorative wie wohlschmeckende Punkte rundum auf die freie Tellerfläche setzen.

ZUTATEN
Für zwei bis drei Personen.

1 Schweinefilet (ca. 500 g)
Salz
Pfeffer
3 EL Olivenöl
1 Rosmarinzweig
2 Thymianzweige
3 Knoblauchzehen
½ kleines Glas (2–3 EL) Weißwein

Ligurische Olivencreme:
3–5 junge Knoblauchzehen
1 EL scharfer Senf
2 EL Tapenade (Olivencreme)
2 EL Kapern
3–4 Anchovisfilets
Salz
Pfeffer
4 EL ligurisches (mildes) Olivenöl
2–3 EL Zitronensaft
etwas Zitronenschale
eventuell ½ oder ganze frische rote Chilischote

Kalbsschmorbraten in Weißwein

Gerade bei Kalbfleisch muss man aufpassen, dass es nicht trocken wird, deshalb lieber ein durchwachsenes Stück nehmen und dem Braten genügend Zeit gönnen – bei möglichst niedriger Temperatur. So können die Sehnen und Fettadern schmelzen. Sie halten das Fleisch saftig und machen es zart. Die Schulter ist deshalb besonders geeignet. Eine passende sommerlich leichte Beilage sind übrigens unsere gedämpften Kräuterknöpfle – das sind kleine Semmelknödelchen mit reichlich Grünzeug und gedünsteter Zwiebel, die jedoch nicht gekocht, sondern über Dampf gegart werden.

1 Das Fleisch salzen und pfeffern. Mit abgeriebener Zitronenschale, dem Saft von ½ Zitrone und 1 Löffel Olivenöl einreiben. Dann in einem Bräter im heißen Öl kräftig anbraten. Das Fleischstück soll rundum gebräunt sein. Herausnehmen und beiseitestellen. Das in der Zwischenzeit geputzte und höchstens zentimetergroß gewürfelte Würzgemüse in den Bräter streuen und gründlich anrösten. Dann das Fleisch daraufbetten und mit Pfeffer würzen. Die Tomaten nur halbieren, den grünen Stielansatz herausschneiden, in den Topf legen, ebenso die Thymianzweige und die Chilischoten. Schließlich den Wein angießen, alles noch einmal erhitzen und jetzt den Topf zugedeckt in den auf 110 °C (Heißluft; Ober-/Unterhitze 130 °C) vorgeheizten Ofen stellen. Nach 2 Stunden ist das Fleisch butterzart. Jetzt die Tomatenhaut, die nur noch lose aufsitzt, abzupfen. Auch die Thymianzweige herausfischen und wegwerfen.

ZUTATEN
Für vier Personen:

1,2 kg Kalbsschulter
Salz
Pfeffer
1 Zitrone
3 EL Olivenöl
1 große Zwiebel
3–4 Knoblauchzehen
1 Möhre
1 Stange Lauch
2 Stangen Bleichsellerie
2 Tomaten
3 Thymianzweige (zum Sträußlein gebunden)
2–3 kleine Chilischoten
500 ml Weißwein
2 EL Olivenöl für die Sauce

TIPP

Ein solcher Schmorbraten muss eine gewisse Größe haben – auch auf die Gefahr hin, dass nicht alles aufgegessen wird. Das macht absolut gar nichts, denn so hat man gleich für die nächste Mahlzeit vorgesorgt: Wir machen daraus Vitello tomato – Kalb mit Tomate, in Anlehnung an das berühmte Gericht Vitello tonnato – Kalb mit Thunfischsauce: Der Kalbsbraten wird auf der Aufschnittmaschine dünn aufgeschnitten, auf Teller drapiert, mit einer Sauce großzügig bekleckst, die rasch aus einem Saucenrest, etwas Brühe und Olivenöl sowie einer gehäuteten Tomate aufgemixt wurde. Am Ende streuen wir noch geröstete Pinienkerne darüber für den Biss, gehackten Basilikum oder Petersilie und ein paar Tomatenwürfelchen für die Farbe.

2 In der Zwischenzeit für die gedämpften Kräuterknöpfle als Beilage die Semmeln zunächst in dünne Scheiben und diese dann in Würfel schneiden. Mit heißer Milch beträufeln und 30 Minuten einweichen. Den Speck fein würfeln, in einer Pfanne ausbraten, dabei die Butter zufügen. Die Zwiebel fein würfeln, zusammen mit dem gehackten Knoblauch zufügen und weich dünsten. Mit Pfeffer, Muskat und abgeriebener Zitronenschale würzen. Ganz zum Schluss die fein gehackte Petersilie untermischen, damit sie nur eben zusammenfällt. Mit dem eingeweichten Brot gut vermischen, zugedeckt 30 Minuten ziehen lassen.

3 Dann die Crème fraîche, die Eier, das Mehl und die Kräuter untermischen. Die Masse jetzt sehr kräftig abschmecken: mit Salz, Pfeffer und nach Belieben auch mit Cayenne. Die Masse nochmals 30 Minuten durchziehen lassen. Sollte sie noch zu weich sein, 1 bis 2 Löffel Semmelbrösel unterrühren.

Gedämpfte Kräuterknöpfle:
3 Semmeln vom Vortag
(ca. 180–200 g)
ca. 125 ml Milch
50 g durchwachsener Speck
in dünnen Scheiben
1 EL Butter
1 Zwiebel
1 Knoblauchzehe
Pfeffer
Muskatnuss (oder Macis)
½ Zitrone
2–3 Stiele glatte Petersilie
2 EL Crème fraîche
2 Eier
2 EL Mehl
1 Tasse gehackte Kräuter
(z. B. Schnittlauch, Kerbel)
Salz
eventuell auch 1 Prise Cayennepfeffer
eventuell Semmelbrösel
1 Prise Zucker
Worcestershiresauce

4 Dann mit einem Esslöffel Nocken abstechen, in der feuchten Handfläche glatt formen und auf einem Sieb über Wasserdampf etwa 15 Minuten garen (im chinesischen Dämpfkorb oder einem Gemüsesieb, evtl. etwas einfetten, damit die Knöpfle nicht ankleben). Unbedingt einen Probeknopf garen. Falls er nicht zusammenhält, noch 1 Löffel Mehl untermischen. Die Knöpfle müssen luftig aufgehen. Sie sind gar, wenn sie auf Fingerdruck leicht federnd nachgeben.

5 Für die Schmorbratensauce den Fond aus dem Schmortopf glatt mixen und mit Zucker und Worcestershiresauce abschmecken. Das Fleisch in dünne Scheiben schneiden und auf einer Platte anrichten. Die Knöpfle danebenbetten. Und die Sauce getrennt dazu servieren.

GETRÄNK

Als Wein gibt's einen kraftvollen weißen Burgunder, etwa den, mit dem der Braten aufgegossen wurde. Wir haben dazu einen Grauburgunder Kabinett aus Baden getrunken.

Lamm am Stiel

Wenn der Braten schließlich aufgeschnitten wird, kann man tatsächlich jede Scheibe am Stiel, also am Kotelettknochen, fassen und aus der Hand verspeisen ... Wir brauchen dafür einen längs halbierten Lammrücken. Davon wird mit einem scharfen Messer das Fleisch, das die Knochen bedeckt, so abgelöst, dass wir es über das Rückenfleisch klappen können. Dort wird es mit Kräutern bedeckt und gut zum Paket verschnürt, bevor es dann gebraten wird.

1 Den Lammrücken wie oben beschrieben herrichten: Die Fleischoberseite (die nachher bedeckt wird) zunächst salzen und pfeffern. Die Olivencreme mit Chilipaste, 1 bis 2 fein gehackten Knoblauchzehen sowie den ebenfalls fein gehackten, stiellosen Kräutern vermischen und auf das Fleisch streichen. Das Fleisch von den Rippen darüberklappen und das Ganze mit Küchenzwirn verschnüren, damit alles schön beisammenbleibt. Die Knochen schließlich schön sauber kratzen.

2 Dieses Paket in einer Pfanne in heißem Olivenöl rundum kräftig, so richtig kross anbraten, dabei 1 Rosmarinzweig und 2 Salbeiblätter in die Pfanne legen. Das Öl salzen und aus der Mühle pfeffern, die quer halbierte Knoblauchknolle erst gegen Ende dazugeben, damit sie nicht verbrennt. Die Pfanne schließlich in den auf 120 °C (Heißluft; Ober-/Unterhitze 140 °C) vorgewärmten Ofen stellen und das Fleisch bei milder Hitze schön langsam durchziehen lassen – etwa 20 (wenn man das Fleisch rosa mag) bis 30 Minuten lang (wenn es eher durchgebraten sein soll).

3 Zum Servieren das Bratenstück quer, immer entlang der Knochen aufschneiden, sodass an jedem Knochenstiel ein Fleischpäckchen sitzt.

BEILAGE
Dazu gibt's ein Petersilien-Zitronen-Öl: 1 Händchen voll Petersilienblätter, 1 Stück Zitronenschale und 3–4 Knoblauchzehen werden mit ca. 125 ml Olivenöl, Salz und 2–3 EL Zitronensaft püriert, am Ende ½ rote Spitzpaprika von Hand winzig klein würfeln und unterrühren.

GETRÄNK
Dazu natürlich ein Rotwein, zum Beispiel einen Plavac Mali von der Insel Hvar, ein üppiger, kräftiger Wein aus Dalmatien.

ZUTATEN
Für vier Personen:

1 Lammrücken (wie oben beschrieben), ca. 800 g
Salz
Pfeffer
2 EL Olivencreme
1 EL Chilipaste (oder weniger – nach Gusto und Schärfebedürfnis)
1–2 Knoblauchzehen
2 Thymianzweige
1 Händchen voll Salbeiblätter
2 Rosmarinzweige
1 Knoblauchknolle
3 EL Olivenöl

TIPP
Wer das Lamm am Stiel aus der Hand verspeist, stippt es Bissen für Bissen in die Sauce. Wer es lieber mit Messer und Gabel vom Teller isst, kleckst sich das Petersilien-Zitronen-Öl darüber.

Saftig, süß, unwiderstehlich: Feigen

Feigen
Saftig, süß und unwiderstehlich

Diese süßen, verführerischen Früchte – saftig, honigduftend und bekanntermaßen schon pur jede Sünde wert – haben jetzt Saison. Sie kommen nicht nur aus dem Süden Europas zu uns, aus Italien, Frankreich oder Griechenland, sondern sie gedeihen auch hierzulande. In der Pfalz und in Baden, in Weinbaugegenden, überall da, wo sie geschützt wachsen können, sind sie längst heimisch und beim Winzer oder manchmal sogar auf den Märkten zu finden.

Feigen: Was alles drinsteckt

Reife Feigen enthalten reichlich Mineralstoffe, wie Magnesium, Kalium, Phosphor und Eisen, viel B-Vitamine, Carotin, aber relativ wenig Vitamin C.

Feigen in knusprigem Ausbackteig

Ein fabelhaftes Dessert, das nicht viel Mühe macht. Der Ausbackteig dafür ist leicht und rasch angerührt. Er muss jedoch unbedingt 2 Stunden quellen, damit der Kleber im Mehl Zeit hat, sich auszubilden. Man kann ihn ruhig bereits am Morgen oder sogar schon am Vorabend anrühren – dann aber bis zum Gebrauch in den Kühlschrank stellen!

1 Die Feigen mit Küchenpapier vorsichtig sauber wischen.

2 Die Zutaten für den Teig in einer Schüssel mit einer Gabel oder dem Schneebesen glatt quirlen. Zugedeckt quellen lassen, am besten über Nacht. Mindestens jedoch zwei Stunden.

3 Für die Himbeersauce die Früchte mit dem Zucker in einer Schüssel glatt rühren, dann durch ein feines Sieb streichen oder durch die Gemüsemühle passieren.

ZUTATEN
Für vier bis sechs Personen:

4–6 reife Feigen (falls es kleine Früchte sind, doppelt so viele)
Butterschmalz oder neutrales Öl (z. B. Erdnuss- oder Sonnenblumenöl, eventuell 1 guter Schuss Walnussöl für den Geschmack!) zum Frittieren

Ausbackteig:
100 ml Weißwein
175 g Mehl (Type 405)
125–150 ml Wasser
1 Ei
1 Prise Salz
1 TL Zucker

Himbeersauce:
300 g frische oder tiefgekühlte Himbeeren
2–3 EL Zucker

Außerdem:
Puderzucker zum Bestäuben

TIPP
Die Himbeerkerne auffangen und in einem Glas mit gutem Apfel- oder Weinessig großzügig bedecken. Einige Tage ziehen lassen, dann durch ein Tuch oder feines Sieb filtern. Ergibt besten Himbeeressig!

> **TIPP**
>
> *Das Öl hat die richtige Temperatur erreicht, wenn ein Weißbrotwürfel, den man hineinwirft, sofort rundum zu brutzeln beginnt und sich dicke Bläschen zeigen. Oder: An einem hölzernen Kochlöffelstiel, den Sie hineintauchen, steigen dicke Bläschen empor.*

4 Kurz vor dem Servieren das Öl erhitzen. Die Feigen einzeln im Teig versenken – er muss die Früchte vollkommen umschließen. Die Früchte dann am Stiel fassen und überschüssigen Teig gründlich abtropfen lassen.

5 Die Feigen im Öl schwimmend 2 bis 3 Minuten backen, dabei immer wieder drehen, damit sie rundum gleichmäßig bräunen. Nicht zu dunkel werden lassen, herausheben und auf Küchenpapier abtropfen lassen. Noch warm mit Himbeersauce anrichten. Dazu einen Klecks Sauce in der Mitte des Desserttellers verstreichen. Die noch warme, knusprig gebackene Feige daraufsetzen. Mit Puderzucker bestäuben.

GETRÄNK
Ein Glas Sekt oder ein weißer Portwein.

Mit Vanilleeis gefüllte Feigen in knusprigem Teig

Dafür Vanilleeis in knapp 2 Zentimeter große Würfel schneiden und auf einem mit Klarsichtfolie belegten Tablett gut durchfrieren lassen, damit es hart gefroren ist. Die Feigen vor dem Eintauchen in den Teig aufschneiden. Je einen Eiswürfel in die Mitte betten, die Frucht wieder zusammendrücken, in den Teig tauchen und schließlich frittieren.

Für „Strauben" (siehe Tipp) den Teig mit einer Gabel so ins Fett tropfen lassen, dass Streifen entstehen, die sich auch überlagern, bis ein schöner Kranz entstanden ist. Von beiden Seiten rundum bräunen, abtropfen lassen und mit Puderzucker bestäuben.

GETRÄNK
Ein duftiger Muskateller-Sekt.

TIPP
Den übrig gebliebenen Teig nicht wegschütten, daraus werden ganz einfach Teigkringel gemacht oder „Strauben", wie man sie in Bayern nennt.

Feigen in Cognacrahm

Ein großartiges Dessert, sieht schön aus, schmeckt traumhaft und ist schnell gemacht.

1 Die Feigen abwischen, den Stiel diesmal abschneiden und die Frucht an dieser Stelle mit einem scharfen Messer kreuzweise tief einschneiden. Die Feigen nebeneinander in eine flache feuerfeste Form setzen. Gleichmäßig mit Zucker bestreuen, dabei darauf achten, dass der Zucker auch ins Innere der Früchte gelangt. Dann den Cognac gleichmäßig über die Früchte träufeln.

2 Bei 220 °C (Heißluft; Ober-/Unterhitze 240 °C) im Backofen etwa 15 bis 20 Minuten schmoren. Langsam auskühlen lassen, dann den Saft abgießen und mit der Crème fraîche verquirlen. Über die Früchte gießen, mit Klarsichtfolie abdecken und jetzt über Nacht kalt stellen.

3 In flachen Dessertgläsern oder -schalen anrichten und servieren.

ZUTATEN
Für vier bis sechs Personen:

4–8 oder sogar 12 Feigen (je nach Größe)
2–4 EL Zucker
4–5 EL Cognac
200 g Crème fraîche

HÜBSCHE GARNITUR
Melisse-, Basilikum- oder Minzeblättchen.

GETRÄNK
Ein Gläschen Cognac oder aber ein leicht süßer Gewürztraminer.

Gestürzte Feigentarte

Nach der genialen Rezeptidee der legendären Schwestern Tatin, die nach diesem Prinzip die unsterbliche gestürzte Apfeltarte erfunden haben. Gelingt ganz genauso gut mit Feigen, schmeckt einfach fantastisch!

1 Zunächst das Blätterteigblatt entrollen, die Pfanne oder Form kopfüber drauflegen und als Schablone benutzen: Einen Teigboden ausschneiden, der im Durchmesser etwa 1 bis 2 Zentimeter größer ist. Eventuell ein Stück ansetzen, um das Rund zu komplettieren.

2 Dann auf der Herdplatte die Butter in dieser Pfanne schmelzen, den Zucker, die abgeriebene Schale von ½ Zitrone und etwas Zitronensaft zufügen und zu hellem Karamell kochen.

3 Den Stiel der Feigen stutzen, sie dort kreuzweise einschneiden, dann aber kopfüber in den Karamell in der Pfanne setzen und sanft einige Minuten schmurgeln lassen. Schließlich das Teigblatt darüberbreiten und rundum zwischen Früchten und Pfannenrand stopfen, sodass die Feigen davon eingefasst sind.

4 Die Form/Pfanne schließlich in den 200 °C (Heißluft; Ober-/Unterhitze 220 °C) heißen Ofen stellen. Die Feigentarte ca. 35 Minuten backen, bis der Deckel goldbraun und knusprig ist. Mindestens 30 Minuten auskühlen lassen, dann wird die Tarte gestürzt: Zunächst allerdings mit einem Messer oder einer Palette den Kuchen vom Rand lösen, dann eine Tortenplatte kopfüber auf die Pfanne/Form setzen und beherzt alles auf den Kopf kippen.

Am besten schmeckt die Feigentarte eben noch lauwarm, mit halbsteif geschlagener, ungesüßter Sahne.

GETRÄNK
Ein Espresso.

ZUTATEN
Für eine geschlossene Form oder Pfanne von ca. 24 cm Durchmesser:

1 Blätterteigplatte (rund ausgerollt aus dem Kühlregal)
ca. 100 g Butter
2–3 EL Zucker
etwas Zitronenschale
und Zitronensaft
14–20 reife Feigen (sie dürfen ruhig noch ein wenig fest sein)
200 g Sahne zum Steifschlagen

Warenkunde Feigen

Feigen sind im Grunde Scheinfrüchte, die eigentlichen Früchte sind die kleinen Kerne im Inneren der rundkugeligen bis birnenförmigen Gebilde. Es gibt gelbliche, bräunliche, grünschalige und lila Feigen – das hängt von der Sorte ab. Es gibt inzwischen auch kälteresistente Züchtungen für raue Gegenden, die Minustemperaturen bis 20 °C aushalten können – eine solche Feige haben wir bei uns im Schwarzwald.

Feigen liefern zwei- oder dreimal Früchte – die ersten werden im Juni/Juli, die zweiten im Juli/August/September reif, die dritten meist gar nicht – sie erscheinen im Februar/März. Bei uns allerdings reifen gerade die ersten „Früchte", die zweiten werden nur in Traumsommern – etwa 2003 – ein Gedicht ...

Wie Feigen entstehen

Aber damit überhaupt Feigen entstehen, ist eine überaus komplizierte Kettenreaktion nötig: Um die Blüten des Feigenbaums zu befruchten, sind sogenannte Gallwespen nötig, Insekten, die in zunächst weiblichen Feigen leben. Die weiblichen Tiere werden noch in der kleinen harten Scheinfrucht von den männlichen Insekten befruchtet, die nicht flugfähig sind. Sie bleiben also daheim, in der Feige, während die Weibchen herausschlüpfen, dabei den inzwischen gewachsenen männlichen Blüten am Ausgang der Scheinfrucht die Pollen abstreifen und sich auf die Suche nach weiteren Feigen machen, in denen sie ihre Eier ablegen können. Nun gibt es zweierlei Sorten: sogenannte Bocksfeigen, die klein und hart bleiben, und die Essfeigen. Die befruchteten Weibchen dringen mit ihrem Legestachel in die Öffnung einer kleinen Bocksfeige ein, hinterlegen darin ihre Eier und sorgen so für ihre nächste Generation. Für die „Knospe" einer größeren Essfeige ist ihr Legestachel aber nicht lang genug, sie bestäuben bei dem Versuch lediglich die Blüten und sorgen dafür, dass Früchte entstehen können, um die sich nun die fleischige, saftige Essfeige entwickelt. Deshalb werden in den Feigenplantagen des Mittelmeerraums stets Bocksfeigen zwischen die Essfeigen gesetzt, die größere und schönere, breit ausladende Bäume bilden.

Inzwischen allerdings hat man Feigen gezüchtet, die ganz ohne diese komplizierte Befruchtung auskommen.

Aufbewahrung und Qualität

In jedem Fall sind Feigen sehr empfindlich, sobald sie ausgereift sind. Reife „Früchte" platzen leicht auf. Wie reif sie sind, kann man am offenen Kranz an der Fruchtspitze erkennen: Wenn dort klebriger Saft austritt, die „Frucht" sich weich anfühlt, dann ist sie ausgereift und süß. Unreif geerntete „Früchte" sondern einen klebrigen weißen Saft ab, der beweist, dass sie zu den Gummibaumgewächsen zählen. Sie reifen nicht nach. Kurz vor der Vollreife geerntete „Früchte" können vielleicht durch Lagern bei Zimmertemperatur eine gewisse Weichheit bekommen, aber nie jene unwiderstehliche fruchtige Süße wirklich ausgereifter „Früchte" entwickeln. Sie sind überaus druckempfindlich, sollten also unbedingt in einer geschützten Schale transportiert werden. Eine Feige hält nur wenige Tage – auch im Kühlschrank. Dann beginnt sie schnell zu gären und zu verderben.

Feigen mit Schinken

Ebenfalls eine Vorspeise, die nicht viel Mühe macht.

Den Ziegenkäse in Scheiben schneiden, mit geviertelten Feigen auf Salat- und Kräuterblättern hübsch anrichten. Die Speck- und Baguette- oder Ciabattascheiben auf Backpapier auf einem Blech bei 180 °C (Heißluft; Ober-/Unterhitze 200 °C) ca. 5 bis 8 Minuten rösten, bis sie knusprig sind. Speck auf Küchenpapier legen, mit einem weiteren Blatt Küchenpapier bedecken und jetzt einen schweren Topf daraufstellen. So bleiben die Speckscheiben absolut glatt.

Für die Marinade beide Senfsorten mit Sherryessig, Salz, Pfeffer und Olivenöl aufschlagen, über die Feigen und die Salatblätter klecksen. Die gerösteten Speck- und Baguettescheiben dekorativ darüberlegen.

ZUTATEN
Für vier Personen:

2–4 kleine junge Ziegenkäse oder eine ganze Rolle Ziegenfrischkäse
4–6 reife Feigen
je 2 Handvoll gemischte Salat- und Kräuterblätter (Kopf-, Romanasalat, Lollo rosso; Basilikum, Petersilie, Schnittlauch in streichholzlangen Stücken, Koriandergrün, Liebstöckl)

Außerdem:
4 dünne Scheiben durchwachsener Schinkenspeck
4 dünne Scheiben Baguette oder Ciabatta

Senfmarinade:
1 EL scharfer Senf
1 EL süßer Senf
1 EL Sherryessig
Salz
Pfeffer
3–4 EL mildes Olivenöl
(z. B. aus Ligurien)

GETRÄNK

Ein üppiger, aber nicht süßer, wegen wenig Säure jedoch milder Weißwein, etwa ein Malvasia, Fiano di Avellino oder Greco di Tufo oder ein Verschnitt dieser beiden letzteren Sorten.

Crostini mit Feigen und Mozzarella

Im Handumdrehen angerichtet: Pro Person 1 Feige in Scheiben schneiden, auf Backpapier auf einem Backblech verteilen. In Streifen geschnittene Basilikumblätter und dünne Scheiben von Mozzarella (für vier bis sechs Personen 100 g) drauflegen, mit wenig Olivenöl beträufeln und ganz kurz, maximal 5 Minuten, bei 200 °C (Heißluft; Ober-/Unterhitze 220 °C) überbacken. Auf den hauchdünnen gerösteten Baguettescheiben, wie links beschrieben, anrichten, pfeffern und zum Aperitif servieren.

GETRÄNK
Dazu ein kraftvoller Sherry Oloroso.

TIPP
Schön sind hier ein paar Blüten der Kapuzinerkresse. Sie sind nicht nur dekorativ, sondern passen mit ihrer Schärfe sehr gut zur Feige und zum Mozzarella.

Feigensenf

Dafür lassen sich überreife Feigen gut verwenden, die man vielleicht beim Obsthändler günstig erwerben konnte, weil er sie sonst nicht mehr los wird. Es dürfen aber auch einige noch nicht ausgereifte Früchte dabei sein. Kurz – alles, was so auf dem Teller keine gute Figur macht. Gelben (auch hellen) und schwarzen (oder braunen) Senf sollte man am besten in der Apotheke bestellen. Dort kann man größere Mengen sowie allerbeste Qualität leicht besorgen. Unbedingt bereits gemahlenes Senfmehl bestellen, sonst muss man die Saatkörner selber mahlen.

1 Die Früchte putzen, entstielen, klein schneiden, mit dem Zucker mischen und langsam unter fleißigem Rühren alles zum Kochen bringen.

2 Wenn die Masse sprudelnd kocht, beginnt die eigentliche Kochzeit. Nach etwa 5 Minuten Zitronensaft zufügen. Nach weiteren 5 Minuten das Senfmehl. Wer keine Klumpen mag, kann einmal mit dem Mixstab durchgehen. Nach weiteren 5 Minuten die Gelierprobe machen: Einen Klecks auf ein gekühltes Tellerchen geben. Wenn der Klecks steif stehen bleibt, kann man den Feigensenf in Gläser füllen. Schraubgläser kopfüber stürzen und auskühlen lassen.

ZUTATEN
Für 10–12 Gläser à 220 ml:

2 kg frische, vollsaftige Feigen
1,8 kg Zucker
Saft von 1–2 Zitronen
150 g gelbes (helles) und
50 g schwarzes bzw. braunes Senfmehl

EINKAUFSTIPP

Feigensenf ist ja in Mode gekommen, allerdings muss man hier höllisch aufpassen, was man kauft. Es gibt mittlerweile sogar welchen, bei dem das Etikett unverhohlen verrät, dass kaum oder sogar gar keine Feigen verarbeitet wurden. Also lieber selber machen, nach unserem ultimativen Rezept.

 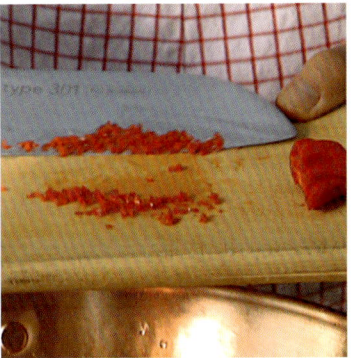 

TIPPS ZUM EINKOCHEN

Zur noch besseren Haltbarkeit die Gläser zusätzlich sterilisieren. Im Einkochkessel nach Vorschrift oder in der Fettpfanne des Backofens folgendermaßen: Die Gläser in heißes Wasser stellen, bei 180 °C (Heißluft; Ober-/Unterhitze 200 °C) ca. 20 bis 30 Minuten (je nach Größe der Gläser) in den Backofen stellen, bis Bläschen in den Gläsern emporsteigen. Dann den Ofen ausschalten, die Gläser im Ofen auskühlen lassen. Dann ist der Inhalt jahrelang haltbar.

Am besten ist zum Einkochen ein Messing- oder Kupferkessel geeignet, der die Hitze gut leitet. Das verkürzt die Kochzeit und schont Farbe und Inhaltsstoffe. Solche weiten Kessel, die leider nur auf Gas zu verwenden sind, kann man immer wieder mal auf Flohmärkten finden. In Frankreich gibt es sie in jedem guten Haushaltsgeschäft. Auch im Internet wird man fündig; Stichwort „Kupferkessel für Marmelade".

Nach Belieben auch Chilis mitkochen. Frisch oder getrocknet, aber ohne Kerne, auf alle Fälle scharfwürzig abschmecken. In kleine Schraubgläser füllen. Schmeckt umwerfend zu Käse, vor allem zu jungem oder gereiftem Bergkäse. Ist auch eine hervorragende Grillsauce.

Mais und Polenta

Mais und Polenta

Saftige Körner, cremiger Brei und herzhafte Schnitten

Bei uns war Mais früher eher als Tierfutter bekannt. Erst seit wir reisen, haben wir in Frankreich, in der Schweiz, in Italien oder in Amerika gelernt, dass Mais durchaus auch für den menschlichen Genuss geeignet ist. Wichtiger noch als der frische Mais mit seinen leuchtend gelben saftigen Körnern ist der Maisgrieß, der vor allem im Alpenraum Tradition hat. Daraus lässt sich mit wenigen Mitteln ein nahrhafter Brei kochen: die Polenta oder der Plent, wie man in Österreich und Bayern sagt – abgeleitet vom lateinischen *Pulmentum,* dem als Grundnahrungsmittel dienenden Brei aus Weizen, der durch den nach der Entdeckung Amerikas importierten, genügsameren und ertragreichen Mais in den kargeren Regionen seit dem 16. Jh. ersetzt wurde.

Maisgrieß wird aus den ausgereiften, getrockneten Maiskörnern hergestellt. Man kocht ihn in Wasser. Abgekühlt wird die Masse ganz fest und lässt sich in Scheiben oder Streifen schneiden. Zum Servieren werden diese auf dem Grill oder in der Pfanne geröstet und sind eine nahrhafte und wohlschmeckende Beilage.

Vor allem in Norditalien, aber auch in der Schweiz und in Österreich ist Polenta beliebt, geradezu ein Grundnahrungsmittel.

Als Polenta noch ein Armeleuteessen war, nahm man nur Wasser. Besser schmeckt der Maisbrei natürlich, wenn er mit Brühe angesetzt wird. Viele nehmen auch Milch oder eine Mischung – je nachdem, wozu man die Polenta servieren will. Man kann die Masse prima vorbereiten, schneidet sie vor dem Essen in Scheiben, Streifen oder Rauten und grillt diese Stücke oder brät sie in der Pfanne knusprig. So serviert man Polenta als Beilage, und zum Vorspeiseteller sozusagen als Brotersatz. Will man die Polenta aber süß oder zu milden Gerichten reichen, nimmt man statt Brühe lieber Milch, die man auch ruhig zum Teil mit Wasser verdünnen kann.

Grundrezept gegrillte Polentaschnitten

Man staunt immer wieder, wie wenig Grieß nötig ist, um die Flüssigkeit zu binden. Um eine feste Masse zu kochen, die man in Scheiben schneidet und die dann gebraten serviert werden, rechnet man mit folgenden Mengen:

1 Die Brühe aufkochen, den Grieß unter Rühren hineinrieseln lassen, leise köcheln, ca. 5 bis 10 Minuten. Dabei immer wieder rühren, damit nichts ansetzt. Mit Salz, Pfeffer, nach Belieben auch mit Muskat würzen. Am Ende den Käse einrühren.

2 Den dicken Brei auf ein mit Backpapier oder Alufolie ausgelegtes Tablett oder Blech gießen. Abkühlen und fest werden lassen.

3 Zum Servieren in Scheiben, Streifen oder Rauten schneiden. Auf dem Grill rösten, dabei von beiden Seiten mit Olivenöl einpinseln. Oder in der Pfanne in etwas heißem Olivenöl braten.

ZUTATEN
Für vier bis sechs Personen:

1 l kräftige Brühe
160–170 g Maisgrieß
Salz
Pfeffer
Muskatnuss
50 g geriebener Parmesan

Grundrezept cremige Polenta

Sie wird frisch serviert, denn sie ist noch weich wie ein Kartoffelpüree. Eine wundervoll duftige, cremige Beilage.

1 Die Brühe aufkochen und schließlich langsam, unter stetem Rühren mit einem Holzlöffel die Polenta hineinrieseln lassen. Etwa 10 bis 15 Minuten köcheln lassen, dabei immer wieder rühren.

2 Die Polenta mit Salz, Pfeffer, nach Gusto mit einem Hauch Muskat und abgeriebener Zitronenschale würzen. Am Ende den Parmesan unterrühren, sofort servieren.

Tipp
Man kann die cremige Polenta schon im Voraus zubereiten, dann jedoch ohne Käse. Weil sie beim Abkühlen fest wird, muss man sie zum Servieren mit etwas heißer Brühe noch einmal aufschlagen, bis sie wieder weich und heiß ist. Erst dann den Käse einrühren und nochmals abschmecken.

Kalbsnierchen in Senfsauce

Die Nierchen müssen sorgfältig geputzt sein, Wässern ist nicht nötig, wenn es wirklich Nierchen vom Kalb, also von einem jungen Tier sind.

1 Die Nierchen säubern, das heißt, die weißen Innenstränge herausschneiden. Dann quer in halbzentimeterdünne Scheiben schneiden. In einer Pfanne im heißen Öl scharf auf beiden Seiten anbraten – unbedingt portionsweise, damit die Nieren keinen Saft ziehen. Dabei salzen, pfeffern und mit etwas abgeriebener Zitronenschale würzen. Jeweils auf einem Teller beiseitestellen.

2 Im Bratfett die fein gewürfelte, entkernte Chilischote und den sehr fein gehackten Knoblauch andünsten. Den Senf einrühren und mit Brühe und Wein verdünnen. 2 bis 3 Minuten leise köcheln lassen und vielleicht sogar noch einen Spritzer Sahne oder einen Löffel Crème fraîche zufügen. Jetzt sprudelnd kochen, bis sich alles innig vermischt. Mit Zitronensaft abschmecken.

3 Die Nierchen in dieser Sauce sanft erwärmen – nicht richtig kochen lassen, sonst werden sie hart! Am Ende den fein geschnittenen Estragon unterrühren.

ZUTATEN
Für zwei Personen:

1 Kalbsniere à ca. 500 g
2 EL Olivenöl
Salz
Pfeffer
abgeriebene Zitronenschale
1 rote Chilischote
2–3 Knoblauchzehen
1 EL scharfer Senf
1 Glas Brühe
1 kleines Glas Weißwein
2 EL Sahne oder Crème fraîche
(nach Belieben)
1 Spritzer Zitronensaft
Estragon

BEILAGE
Weiche Polenta oder Polentaschnitten. Gut passt auch ein grüner Salat dazu.

GETRÄNK
Ein kraft- und schwungvoller Weißwein, ein Pinot blanc aus dem Elsass oder ein Weißburgunder vom Kaiserstuhl.

Gefüllte Polentaknödel

Ein hübscher Appetithappen zu einem Glas Wein. Zusammen mit einem Salat aber auch ein ganzes Essen. Die Grundlage ist dick eingekochte und noch weiche Polenta. Es kann ein Rest sein, den man möglicherweise mit etwas Maismehl andicken muss, damit eine formbare Masse entsteht.

1 Den Maisgrieß in die aufkochende Flüssigkeit rühren und einige Minuten leise köcheln lassen, bis der Brei dick ist. Den Käse und das Ei (beim Rest genügt womöglich ein Eigelb) einrühren und kräftig würzen. Abkühlen lassen.

2 In der Zwischenzeit die Tomaten für die Füllung mit heißem Wasser bedecken und einweichen. Dann klein hacken und mit den übrigen Zutaten mischen.

3 Die Polentamasse in der Handfläche flach drücken (oder eine Rolle formen und von dieser Scheiben abschneiden), einen Teelöffel Füllung in die Mitte setzen und einwickeln. In Olivenöl unter ständigem Rütteln und Schütteln goldbraun braten.

4 Anschließend auf Küchenpapier abtropfen lassen und zum Beispiel zu einem Salat servieren.

GETRÄNK
Ein Aperitif-Sekt oder Champagner, prickelnder Apfelwein oder ein süffiger Cidre.

ZUTATEN
Für sechs Personen:

100 g Polenta (Maisgrieß)
knapp 1 l Wasser oder Brühe
100 g geriebener Käse
1 Ei
Salz
Pfeffer
Muskatnuss
Paprikapulver

Füllung:
4 getrocknete Tomaten (einweichen)
2 EL Kapern
50 g Oliven
einige Stiele Petersilie/Basilikum
1 Tasse gewürfelter Käse (Mozzarella)
Olivenöl zum Ausbacken

Tipp
Besonders knusprig werden die Bällchen, wenn man sie vor dem Ausbacken in grobem Maisgrieß rollt, bis sie davon rundum überzogen sind.

Fischfilet in knusprigem Brotmantel

Dafür braucht man Weißbrot – am besten Baguette oder Ciabatta vom Vortag –, das allerdings unbedingt in einer Plastiktüte aufbewahrt wurde; darin trocknet es nicht aus, sondern wird weich. So kann man es längs auf der Aufschnittmaschine dünn aufschneiden und den Fisch darin regelrecht einwickeln.

1 Die Fischstücke waschen, gut abtrocknen, salzen, pfeffern, etwas Zitronenschale daraufreiben und in dem sehr fein geschnittenen Basilikum drehen, bis sie aussehen wie darin paniert.

2 Jedes Stück in eine Brotscheibe wickeln. Mit der Nahtstelle nach unten in heißes Öl legen – auf diese Weise wird das Paket sofort verschlossen und kann sich nicht mehr auflösen. Die Fischpäckchen auf beiden Seiten sanft braten, bis das Brot schön kross ist.
Vorsicht: Nicht zu lange braten, damit der Fisch nicht zu trocken wird.

ZUTATEN
Für vier Personen:

4 Portionen Fischfilet à 80–100 g
(Kabeljau, Scholle, Seelachs)
Salz
Pfeffer
Zitronenschale
1 Strauß Basilikum
4 ausreichend große
Weißbrotscheiben
3–4 EL Olivenöl zum Braten

BEILAGE
Cremige Polenta.

GETRÄNK
Ein weiß gekelterter Spätburgunder oder ein kräftiger, frischer Weißwein, ein Riesling aus der Pfalz.

> ## Tipp
> *Ganz sicher geht man, dass das Päckchen zusammenhält, wenn die Brotscheiben an der Nahtstelle mit Eiweiß eingepinselt werden.*

130

Maiskölbchen mit Hähnchenbrust und Zucchini

Wenn die Zutaten allesamt vorbereitet und zurechtgeschnitten sind, dann ist die Kocherei eine Sache von zwei bis drei Minuten.

Das Fleisch zentimeterklein würfeln, mit der Stärke einreiben, dabei 1 Teelöffel Sesamöl und 1 guten Spritzer Sojasauce einmassieren. Den Zucchino längs vierteln, dann quer in dünne Scheiben schneiden. Die Maiskölbchen je nach Größe schräg in Stücke schneiden oder, falls sie dick sind, zuvor längs halbieren. Frühlingszwiebeln putzen, das Weiße quer in feine Scheibchen schneiden, das Grün in halbzentimeterbreite Stücke.

Das Öl im Wok erhitzen, das restliche Sesamöl zufügen, zuerst das Fleisch darin 1 Minute unter Rühren braten, salzen und pfeffern, dann Ingwer, Knoblauch und Chili zufügen, nachsalzen und auch die Zuckerprise in den Wok streuen.

Die Zucchinoscheiben und die Maiskölbchen zufügen – alles sogleich ebenfalls sparsam und gezielt salzen, denn die anderen Zutaten sind ja bereits gesalzen.

Nach 1 weiteren Minute Sojasauce und Sherry oder Weißwein angießen sowie einen Schuss Brühe. Jetzt alles noch einmal bei starker Hitze gründlich mischen. Auf einer Platte anrichten und zerzupfte oder grob gehackte Korianderblätter darüberstreuen.

BEILAGE
Duftiger, lockerer Reis.

GETRÄNK
Ein Glas Weißwein oder Rosé.
Alternative: ein frisch gebrühter Ingwertee.

ZUTATEN
Für zwei bis drei Personen:

200 g Hähnchenbrust
1 gehäufter TL Speisestärke
2 TL Sesamöl
2 EL Sojasauce
1 kleiner Zucchino
200 g kleine Maiskölbchen (Babymais)
2 Frühlingszwiebeln
2 EL neutrales Öl
Salz
Pfeffer
je 1 TL fein gehackter Ingwer und Knoblauch
1 sehr fein gewürfelte Chilischote
1 Prise Zucker
2 EL Sherry oder Weißwein
1 Schuss Brühe
Koriandergrün

Maiskolben

Am besten schmecken sie jung, wenn die Körner noch nicht richtig hart und ausgereift sind. Dann kann man die Kolben mitsamt der sie umgebenden Blatthülle einfach so auf den Grill legen. Dabei immer wieder drehen, bis die Blätter rundum dunkel gebräunt sind. Den Kolben auspacken, ein Butterstückchen darauf schmelzen lassen und aus der Hand mit den Zähnen die Körnchen abnagen.
Oder: Die Kolben aus ihrer Blätterhülle wickeln, mit dünnen Speckscheiben umwickeln und auf dem Grill rösten, bis der Speck rundum knusprig ist.

Beilage braucht's da keine.

GETRÄNK
Ein kühles Pils.

Maiskörner in buntem Salat

Aus den gekochten oder gegrillten Kolben lassen sich die Körner schneiden oder brechen – zum Beispiel für einen Salat. Natürlich kann man in einem solchen Fall die Maiskörner aus der Dose nehmen, aber um diese Jahreszeit sollte man die Gelegenheit nutzen, dass man die gelben Körner ganz frisch bekommen kann. Der Salat ist ein köstlich erfrischender Imbiss; serviert man ihn als sättigendes Hauptgericht, fügt man Kartoffeln hinzu.

1 Bei Verwendung als Hauptgericht für den Salat die Kartoffeln bereits 2 Stunden vorher gar kochen, abgießen und ein wenig abkühlen lassen. Kopfsalat putzen, nur die zarten Innenblätter verwenden. Bohnen entspitzen und vom Stielansatz befreien. In gut gesalzenem Wasser einige Minuten bissfest kochen, eiskalt abschrecken. Tomate und Gurke schälen, in Scheiben schneiden bzw. hobeln. Sellerie schräg in feine Scheibchen schneiden – das Grün beiseitelegen. Es kommt erst ganz zum Schluss fein geschnitten unter den fertigen Salat. Paprika entkernen und längs in feine Streifen schneiden.

2 Die Kartoffeln in Scheiben oder in Würfel schneiden und mit den anderen Salatzutaten in eine Schüssel geben. Mit den gewaschenen und grob zerkleinerten Kräutern dekorieren, die Oliven darüber verteilen.

ZUTATEN
Für vier bis sechs Personen:

1 Kopfsalatherz
250 g feine grüne Bohnen
1 große Tomate
1 kleine Gurke
1 Bleichsellerieherz
je ½ gelbe, grüne
und rote Paprikaschote
1 Tasse am Kolben gekochte oder
gegrillte Maiskörner
je 1 Bund Rucola, glatte Petersilie,
Basilikum und nach Belieben
auch Schnittlauch
2 gehäufte EL kleine violette Oliven

**Als Hauptmahlzeit serviert,
zusätzlich:**
ca. 1 kg festkochende Kartoffeln

Tipp
Nach Belieben noch gekochten Schinken in den Salat geben. Dafür den Schinken in eine etwas dickere Scheibe schneiden lassen und diese dann akkurat würfeln. Oder hart gekochte Eier, Thunfischstückchen und Anchovisfilets zufügen – dann wird das Ganze zu einem mit Mais angereicherten Salade niçoise.

Zitronenmarinade:
3–4 große Knoblauchzehen
1 gehäufter EL scharfer Dijon-Senf
2 EL Zitronensaft
Salz
Pfeffer
nach Belieben 1 Msp. Cayennepfeffer oder Piment d'Espelette oder frische Chilischote
nach Gusto etwas abgeriebene Zitronenschale
3 EL Olivenöl

3 Für die Marinade die Knoblauchzehen durch die Presse drücken und mit den angegebenen Zutaten entweder mit einem Schneebesen zu einer cremigen Marinade rühren oder sie in einem Schraubglas kräftig zusammenschütteln und über die Zutaten gießen. Vorsichtig, aber gründlich mischen.

BEILAGE
Weißbrot.

GETRÄNK
Ein junger, sommerfrischer Rosé aus der Provence (Bandol).

Maiskekse mit Haselnüssen

So wird ein verführerisches, knuspriges Gebäck daraus:

1 Die Haselnüsse auf einem Blech ausbreiten und im 220 °C (Heißluft; Ober-/Unterhitze 240 °C) heißen Backofen etwa 10 Minuten rösten. Dann in ein Tuch schütten und kräftig rubbeln, dabei löst sich ein Großteil der Haut.

2 Inzwischen das Eiweiß steif schlagen, dabei die Salzprise zufügen und langsam den Zucker und die Gewürze hinzurieseln lassen. Zum Schluss das Maismehl zufügen. Unter diese Teigmasse die Haselnüsse mischen.

3 Esslöffelweise in größeren Abständen Häufchen auf ein mit Backpapier belegtes Blech setzen. Darauf achten, dass die Nüsse auf die Plätzchen gerecht verteilt sind.

Im heißen Ofen bei 200 °C (Heißluft; Ober-/Unterhitze 220 °C) etwa 10 Minuten backen. Dabei zerläuft der Teig, und die Haselnüsse ragen als Erhebungen hervor. Genau das Richtige zum Tee! Und wenn etwas übrig bleibt, dann kann man die Kekse in gut schließenden Blechdosen frisch halten …

ZUTATEN
Für vier bis sechs Personen (ca. 50 Stück):

150 g Haselnüsse
2 Eiweiß
1 Prise Salz
100 g Zucker
1 Teelöffelspitze Nelkenpulver
½ Teelöffelspitze Cayennepfeffer bzw. Chilipulver
50 g Maismehl

Frisches Sauerkraut
Neue pfiffige Rezepte

Sauerkraut hat fraglos das Zeug zur Delikatesse – behaupten wir. Und man muss es durchaus nicht immer herzhaft, schwer und deftig zubereiten. Um das zu beweisen, haben wir einen Eimer frisches Sauerkraut gekauft und ein wenig herumprobiert. Und jetzt wollen wir zeigen, was sich daraus alles machen lässt. Denn die Bandbreite ist groß: Man kann aus Sauerkraut kleine Häppchen zum Aperitif ebenso zubereiten wie eine feine Platte mit Fisch oder eher Herzhaftes mit Kasseler. Schließlich kann man Sauerkraut roh essen, kochen, dünsten, braten – nach unseren Rezepten ist es immer ein gesunder Genuss.

Zuallererst geht's um die richtige Qualität! Das Kraut sollte nämlich frisch sein. Wir meinen damit: nicht pasteurisiert – also nicht aus der Dose oder gar als Fertiggerichtzubereitung. Vor allem nicht im Herbst, wo es eigentlich überall frisches, nicht pasteurisiertes Sauerkraut geben sollte. Vielleicht muss man danach suchen, meist wird man beim Metzger fündig, aber auch im Reformhaus oder im Bioladen. Denn nur das frische Kraut schmeckt so herrlich, dass man es roh essen kann, und nur dann steckt es noch voller wichtiger Inhaltsstoffe. Vor allem enthält es Vitamin C, aber auch jede Menge Mineralien, wie Kalium, Calcium, Phosphor und Natrium.

Warenkunde Sauerkraut

Sauerkraut ist milchsauer vergorenes Weißkraut; es ist durch Milchsäuregärung nicht nur haltbar geworden, sondern hat auch eine feste Struktur bekommen und seinen säurefrischen, typischen Geschmack entwickelt. Das frische Kraut dafür sollte möglichst aus natürlichem, aus Bioanbau stammen, weil falsche und zu viel Düngung dem Endprodukt schadet. Es wird in feine Streifen gehobelt, mit einer genau abgemessenen Menge Salz vermischt und zugedeckt zum Gären beiseitegestellt. Dabei vermehren sich Milchsäurebakterien, die bei warmen Temperaturen (um die 18 °C) schneller arbeiten. Die Gärung ist dann bereits nach wenigen Wochen abgeschlossen – bei Kälte (um die 5 °C) kann sie sich auch über einen Monat lang hinziehen. Diese Milchsäuregärung kennt man auch von den berühmten milchsauren Gurken, die ihren säurefrischen Geschmack ja auch nicht durch Essig, sondern eben diesen Umwandlungsprozess bekommen haben. Übrigens nimmt man dafür nicht mehr als 2 Kilogramm Salz auf 100 Kilogramm Kraut – es muss also niemand Angst vor zu viel Salz haben. Sauerkraut hat kaum Kalorien (ca. 17 pro 100 Gramm), kaum Fett (0,3 Gramm auf 100 Gramm), liefert dafür aber jede Menge Ballaststoffe und reichlich Vitamin A, B und C.

Sauerkrautsalat

Der ist schnell und ohne großen Aufwand gemacht, schmeckt frisch, ist leicht und überaus bekömmlich.

1 Das frische Kraut zerzupfen und locker in eine Schüssel füllen. 1 bis 2 Frühlingszwiebeln quer in feine Ringe schneiden, auch das Grün. Die Chilischote entkernen und fein würfeln. Den Kümmel auf der Arbeitsfläche mit einem großen Messer hacken.

2 Die Tomate(n) häuten, entkernen, die Kerne in einem Mixbecher sammeln, Knoblauch hinzugeben, das Weiße einer Frühlingszwiebel (das Grün fein geschnitten zum Kraut geben), Essig, Balsamico, Salz, Pfeffer, Chili, Zucker und Olivenöl zufügen. Alles zu einer cremigen Sauce mixen. Wir nennen diese duftende Sauce „Tomagrette": von Tomate und Vinaigrette.

3 Das Tomatenfleisch würfeln, mit den anderen Zutaten unter das Kraut mischen, die Sauce darübergießen und alles gründlich umwenden. Kurz durchziehen lassen.

ZUTATEN

Für vier Personen:

ca. 500 g Sauerkraut
2–3 Frühlingszwiebeln
1 grüne Thaichilischote
1 gehäufter TL Kümmel
1–2 reife Fleischtomaten
2–3 Knoblauchzehen
1–2 EL Apfel- oder Weißweinessig
1 TL Balsamico
Salz
Pfeffer
1 Prise Zucker
2–3 EL Olivenöl

BEILAGE
Gut schmecken dazu auch Bratkartoffeln – mal nicht in Scheiben, sondern in Würfel geschnitten und mit reichlich Kümmel gewürzt. Auch ein kleines Schnitzel oder eine Brezel.

GETRÄNK
Ein kühles Pils, Apfelsaft oder ein frischer Weißwein.

Grundrezept Sauerkraut gedünstet & gekocht

Weil all diese guten Inhaltsstoffe vor allem im rohen Kraut vorhanden sind, empfiehlt es sich nicht nur, immer wieder Sauerkraut auch roh zu genießen, sondern dem gedünsteten Kraut am Ende stets noch ein Händchen voll rohes Kraut unterzumischen. Beim gekochten beziehungsweise gedünsteten Sauerkraut kann man wirklich die größten Unterschiede erleben: vom stundenlang geschmorten Kraut, das schon ganz braun geworden ist, wie man es früher machte und noch heute in vielen Gaststätten üblich ist, bis zum fast weißen, duftigen Kraut, das noch Biss hat, wie man es im Elsass liebt. Unser Grundrezept orientiert sich eher an letzterem Prinzip:

1 Die Zwiebel fein würfeln und in Olivenöl (oder Gänseschmalz, wie man es im Elsass liebt – das von den tierischen Fetten sicher das gesündeste ist, deshalb eine gute Alternative zum Olivenöl) andünsten.

2 Wenn gewünscht jetzt den in feine Scheibchen geschnittenen Apfel zufügen – zuerst vierteln, das Kerngehäuse herausschneiden, die Viertel ungeschält lassen, sieht hübscher aus! Den zerdrückten Knoblauch in den Topf geben, nach Gusto Kümmel, Wacholderbeeren und Piment sowie den Lorbeer, Salz und Pfeffer.

3 Schließlich das Kraut zerzupfen und locker in den Topf füllen (auf keinen Fall vorher waschen!). Die Flüssigkeit angießen: Wein oder Apfelsaft, natürlich geht auch Brühe. Damit das Kraut schön weiß bleibt, sollte der Wein es bedecken. Dann oxidiert es nicht, und das tut auch dem Geschmack gut. Der Apfelsaft verfärbt das Kraut jedoch hier, deshalb muss es in diesem Fall nicht davon bedeckt sein.

4 Es genügt, das Sauerkraut 20 bis höchstens 30 Minuten zu dünsten oder zu köcheln. Denn das Kraut ist ja bereits bekömmlich in der Struktur, die Milchsäuregärung hat es mürbe gemacht. Nimmt man Weißwein, wird ohne Deckel gegart, damit der Alkohol verfliegen kann.

ZUTATEN
Für vier bis sechs Personen:

1 große Zwiebel
2 EL Olivenöl (oder Gänseschmalz bzw. Hühnerfett)
nach Belieben 1 kleiner säuerlicher Apfel (z. B. Rubinette oder Elstar)
1–2 Knoblauchzehen (nach Belieben auch mehr)
1–2 TL Kümmel
je 1 kl. TL Wacholderbeeren und Pimentkörner
1–2 Lorbeerblätter
Salz
Pfeffer
500 g Sauerkraut
ca. 750 ml Weißwein
(oder 250 ml Apfelsaft)

Forelle auf Sauerkraut

Gretchenfrage: Speck ans Kraut oder lieber nicht? Sollen die Würste oder das Fleisch mitgekocht werden oder nicht? Im Elsass gart man diese Zutaten lieber extra, weil das Fleisch den Sauerkrautgeschmack zu sehr übertönt. Bei uns liebt man jedoch diesen fleischernen Geschmack und kocht es lieber mit.

Wir neigen zur elsässischen Variante, aber wenn beispielsweise Fisch dazu serviert werden soll, dann machen wir es so: Dafür wird das Kraut nach dem Grundrezept angesetzt und der gut gewürzte Fisch einfach obenauf gebettet. Man kann übrigens auch Fischfilet verwenden, das ist in wenigen Minuten gar.

1 Das Kraut nach dem Grundrezept ansetzen und fast fertig garen, wenn man Fischfilet dazu essen will – soll es die Forelle dazu geben, nur zur Hälfte garen.

ZUTATEN
Für zwei Personen:

½ Portion Sauerkraut nach dem Grundrezept, mit Weißwein angesetzt
400 g Fischfilet (z. B. Kabeljau) oder
1 größere Forelle (ca. 700 g oder zwei kleinere Portionsforellen à 300 g)
1 Stück Butter (30 g)
3 EL fein gehackte Petersilie
etwas abgeriebene Zitronenschale
Salz
Pfeffer

2 Die Butter mit der Petersilie, Zitronenschale, Salz und Pfeffer verkneten, auf das Filet setzen oder in den Fischbauch stecken. Das Filet oder die Forelle auf das Kraut betten und mit 2 bis 3 Kellen heißem Sud übergießen. Dann das Filet zugedeckt in 3 Minuten, die ganze (Portions-)Forelle in ca. 10 Minuten (bis hin zu 20 bis 30 Minuten bei einer sehr großen Forelle von ca. 600 Gramm und mehr) gar dünsten – entweder auf kleinem Feuer auf der Herdplatte oder bei 150 °C (Heißluft, Ober-/Unterhitze 180 °C) im Backofen.

Petersilien-Kartoffelpüree:
1 dicker Bund Petersilie
75 g Butter
Salz
Pfeffer
600 g mehlig kochende Kartoffeln
100 ml Milch
Muskatnuss

Außerdem:
Meerrettich

> ### Tipp
> *Bei Tisch frischen Meerrettich darüberreiben! Die Meerrettichwurzel immer in Folie eingewickelt lassen und im Gemüsefach aufbewahren.*
> *Wird der Meerrettich nur selten verwendet, kann man ihn auch einfrieren und bei Bedarf gefroren reiben.*

BEILAGE
Dazu schmeckt Petersilien-Kartoffelpüree:

1 Dafür zuerst eine Petersilienbutter herstellen: Die Blätter (sowohl kraus als auch glatt) abzupfen, mit der Butter glatt mixen, dabei salzen und pfeffern. Zu einer Rolle formen und kalt stellen.

2 Die Kartoffeln schälen und als Salzkartoffeln garen; Milch in einem zweiten Topf erhitzen, salzen, pfeffern und ein wenig Muskat hineinreiben. Die Kartoffeln durch die Presse hinzudrücken, mit einer Gabel aufschlagen, dabei die eiskalte Petersilienbutter in Stückchen zufügen. Das leuchtend grüne Püree duftet köstlich und gibt der Sauerkrautplatte mit Fisch Farbe.

GETRÄNK
Ein säurefrischer Riesling aus der Pfalz, eine trockene Spätlese zum Beispiel.

Kassler mit Honigduft auf Sauerkraut

Wir haben das Kassler am Knochen belassen, so bleibt das Fleisch saftiger und schmeckt noch besser. Die Marinade aus Honig, Olivenöl und Orangensaft gibt ihm Duft und Farbe. Je mehr Gäste mitessen, desto größer lässt man den Metzger das Rippenstück abschneiden …

1 Für die Marinade alle Zutaten verrühren – falls der Honig zu fest ist, in der Mikrowelle erwärmen und verflüssigen.

2 Das Fleisch mit der Marinade rundum kräftig einreiben und bei Zimmertemperatur möglichst einige Stunden (am besten in einer Plastiktüte) marinieren.

3 Das Fleischstück in einen Bräter setzen und bei 160 °C (Heißluft; Ober-/Unterhitze 180 °C) in den Ofen schieben. Nach 30 Minuten die Temperatur auf 90 °C (Heißluft; Ober-/Unterhitze 110 °C) herunterschalten und weitere 30 Minuten gar ziehen lassen. Anschließend das Ganze noch gut 15 Minuten im ausgeschalteten Backofen ruhen lassen, damit sich die Säfte im Fleisch verteilen können.

4 Zum Servieren das Kassler vom Knochen lösen, in dünne Scheiben schneiden und auf dem gedünsteten Kraut anrichten.

ZUTATEN

Für sechs bis acht Personen:

ca. 1,5–2 kg rohes Kassler am Stück (mit Knochen)

Marinade:
2 EL Honig
3 EL Olivenöl
Saft und Schale von 1 ungespritzten Orange
Salz
Pfeffer

Außerdem:
1–2 Portionen Grundrezept Sauerkraut

BEILAGE
Auch hierzu schmeckt das grüne Petersilien-Kartoffelpüree. Und ein Löffelchen Senf.

GETRÄNK
Der Wein darf jetzt üppig sein, ein schwungvoller Weiß- oder Grauburgunder, etwa vom Kaiserstuhl.

Sauerkrautpastetchen

Es empfiehlt sich, das Kasslerstück nicht zu klein schneiden zu lassen, denn wenn davon etwas übrig bleibt, dann gibt's am nächsten Tag daraus diese hübschen Blätterteigtaschen.

1 Die aufgetauten Blätterteigquadrate auf der Arbeitsfläche auslegen, in die Mitte jeweils gedünstetes Kraut, in Scheibchen oder Würfel geschnittenes Kassler sowie einen Klecks grünes Püree häufen. Den Teig darüber zusammenschlagen, sodass ein kleines Päckchen entsteht – an den Seiten einschlagen, damit nichts herausquellen kann.

2 Die Päckchen mit Eigelb, das mit Milch verquirlt ist, einpinseln, eventuell sogar aus Teigstreifen ein Gitter auflegen und mit Eiweiß festkleben. Bei 180 °C (Heißluft; Ober-/Unterhitze 200 °C) im Backofen ca. 20 Minuten backen, bis die Päckchen goldbraun und knusprig sind.

BEILAGE
Ein Salat (z. B. Endivie oder Radicchio) mit reichlich Kräutern. Die Salatsauce aus scharfem Dijon-Senf, Apfelessig, Pfeffer, Salz, fein gehackten Zwiebeln, Öl und den Kräutern ist rasch gemacht.

GETRÄNK
Entweder ein frischer Weißwein, etwa ein Weißburgunder vom Kaiserstuhl, oder ein Pils.

ZUTATEN
Für vier Personen:

1 Paket Blätterteigquadrate (TK-Ware)
2 Tassen gedünstetes Sauerkraut
4–6 dünne Scheiben Kassler
2 Tassen Petersilien-Kartoffelpüree
2–3 EL Milch
verquirltes Eigelb

Röstinchen

Und noch eine Reste-Idee:

1 Portion gedünstetes Sauerkraut mit Kartoffelkloßteig verkneten (für fränkische Kartoffelklöße, den man fertig im Kühlregal findet – einfach genial!), Schnittlauchröllchen dazugeben, kleine Plätzchen daraus formen und in der Pfanne in heißem Olivenöl knusprig braten. Zusammen mit einem Salat ist dies ein schneller, einfacher Imbiss.

Schinkenröllchen mit Sauerkraut

Ein hübscher Aperitifhappen aus der Hand:

Einfach das Kraut – ganz nach Gusto gedünstet oder roh – in Scheiben von gekochtem Schinken wickeln. Gut und hübsch: das Sauerkraut mit Schnittlauchröllchen vermischen. Das bringt Biss und Farbe!

Sauerkrautsuppe

Wenn aus dem Grundrezept noch Sauerkrautsud übrig geblieben ist, lässt sich rasch eine Sauerkrautsuppe daraus kochen.

Dazu gibt man 1 bis 2 Handvoll zerzupftes, frisches Sauerkraut in den kochenden Sud. Gebunden wird diese Suppe mit Resten des Kartoffelpürees.

Alleskönner: Hackfleisch

Hackfleisch
Gaumenfreuden aus dem Osten

Hackfleisch ist wahrlich ein Zauberkünstler! Einfach unglaublich, was sich damit alles machen lässt. Wir haben diesmal östlich unseres Landes in die Kochtöpfe geschaut und sind in Russland, Polen und in Kroatien fündig geworden. Denn überall liebt man das durch den Wolf gedrehte Fleisch, das so unendlich vielseitig ist und mit dem man so viel Unterschiedliches anfangen kann – ganz gleich, ob vom Schwein, Lamm, Kalb oder Rind.

Zum Beispiel: Hackfleisch in Teigtaschen

So wie wir unsere Maultaschen lieben oder die Italiener ihre Ravioli, schätzt man im Osten – in Polen oder Russland – Piroggen, Pieroski, Pierogi oder auch Pelmeni. Das Wort leitet sich von „kleine Kuchen" ab – es spielt also immer Teig eine Rolle. Die Teigtaschen sind gefüllt, werden gekocht, gebraten oder gebacken. Meist handelt es sich um eine Art Nudelteig, oft auch um einen dünnen Hefeteig. Es gibt aber auch Teigtaschen aus Kartoffelteig. Der Geschichte folgend sind die polnischen Piroggen der aus Italien stammenden Königin Bona Sforza zu verdanken, die sie im 16. Jahrhundert mitgebracht haben soll. Längst gibt es etwa ebenso viele Rezepte für diese polnischen Piroggen wie Hausfrauen und Köche zusammen, deshalb hier unsere Version.

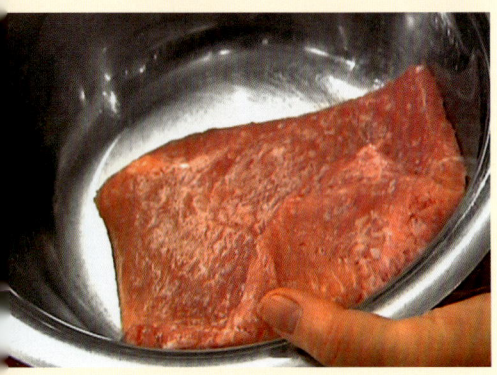

Polnische Pirogen

Als Hülle brauchen wir einen Nudelteig, hier aber nicht mit einer üppigen Fülle von Eiern, sondern in seiner „armen" Version:

1 Aus Mehl, Salz, Ei und zunächst nur etwa zwei Drittel des Wassers rasch einen geschmeidigen Teig kneten, bei Bedarf etwas mehr Wasser zufügen. Der Teig sollte glänzen und weich sein, darf aber nicht kleben. Zu einer Kugel formen, in eine Plastiktüte packen und bei Zimmertemperatur 30 Minuten ruhen lassen, damit sich der Kleber entwickeln kann und der Teig elastisch wird.

2 Man kann auch fertigen Nudelteig kaufen, zum Beispiel gibt's den in der Kühltheke von Supermärkten oder beim Bäcker. Meist ist er in Papier aufgerollt. Diesen Teig nie längere Zeit offen liegen lassen, weil er schnell austrocknet. Geeignet sind auch die sogenannten Wantan-Hüllen, hauchdünne viereckige Teighüllen aus dem Asialaden.

3 Für die Füllung inzwischen das Brötchen in Würfel schneiden und mit der heißen Milch beträufeln, zugedeckt ziehen und einweichen lassen.

4 Die Zwiebeln schälen, sehr fein würfeln und im heißen Öl andünsten. Den fein gehackten Knoblauch zufügen sowie die fein gehackten Pilze. Einkochen lassen, bis keine Flüssigkeit mehr vorhanden ist. Salzen, pfeffern und die gehackten Kräuter untermischen. Vom Herd ziehen und ein wenig abkühlen lassen. Dann alles gut miteinander mischen: das ausgedrückte Brötchen, das Kalbshack, ein ganzes Ei sowie ein Eigelb und den gesamten Pfanneninhalt. Gut durchkneten. Schließlich mit Salz, Pfeffer, etwas Cayennepfeffer und/oder Chilipulver sowie Zitronenschale kräftig abschmecken.

5 Den Teig mit bemehlten Händen aus der Plastiktüte nehmen und idealerweise mithilfe der Nudelmaschine zu hauchdünnen Bändern auswellen. Am besten mehrmals durch die Maschine drehen und dabei die Walzen immer enger einstellen – zwischendurch immer wieder mit Mehl bestäuben. Rechtecke ausschneiden (ca. 5 x 8 Zentimeter), mit Eiweiß einpinseln, jeweils 1 Teelöffel Füllung auf eine Hälfte setzen und die leere Hälfte darüberklappen. Rund um die Füllung den Teig gut festdrücken.

ZUTATEN
Für sechs Personen:

200 g Mehl
½ TL Salz,
1 Ei und ca. 125 ml Wasser

Füllung:
1 altbackenes Brötchen
ca. 150 ml Milch
2 Zwiebeln
2–3 EL Olivenöl
3 Knoblauchzehen
250 g frische Champignons
(braune und weiße gemischt)
Salz
Pfeffer
je 1 Bund Petersilie und
nach Belieben Dill
500 g Hackfleisch (am liebsten
vom Kalb, etwa vom Hals)
2 Eier
Cayennepfeffer und/oder Chilipulver
abgeriebene Zitronenschale
etwas Olivenöl zum Besprenkeln

 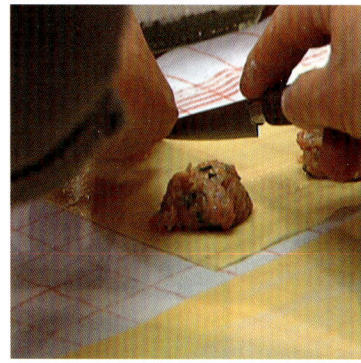 

Saure-Sahne-Dip:
200 g saure Sahne (10 % Fett)
Salz
Pfeffer
1 Spritzer Zitronensaft
1 Bund Schnittlauch.

Außerdem:
100 g Bauchspeck
in dünnen Scheiben
1 rote Zwiebel

6 Diese Täschchen am Ende in einem weiten Topf mit reichlich Salzwasser ca. 5 Minuten ziehen lassen. Nur so viele gleichzeitig garen lassen, wie nebeneinander schwimmen können. Mit einer Schaumkelle herausheben, gut abtropfen und – damit sie nicht zusammenkleben – mit etwas Öl besprenkeln, wenn man sie auf eine Platte setzt.

7 Die mit Salz, Pfeffer, etwas Zitronensaft und reichlich Schnittlauchröllchen abgeschmeckte saure Sahne glatt rühren.

8 Außerdem wird gerösteter Speck gereicht: Dafür den Speck in feine Würfel schneiden, in einer Pfanne sanft auslassen, gehackte rote Zwiebel zufügen und anschmälzen. Getrennt dazu reichen, damit sich jeder davon nach Belieben nehmen kann.

GETRÄNK
Ein kräftiger Weißwein, ein Riesling oder auch ein etwas blumigerer Traminer – in beiden Fällen natürlich trocken! Oder gleich ein Riesling/Traminer von der Saale-Unstrut, ein Cuvée aus beiden Rebsorten.

Tipp
Man kann die Teigtaschen auch für den Vorrat einfrieren: nebeneinander auf einem mit Klarsichtfolie abgedeckten Tablett. Wichtig: Die Taschen dürfen sich nicht berühren. Die gefrorenen Taschen dann direkt ins kochende Wasser geben.

Warenkunde Hackfleisch

Es ist ganz gleich, welches Fleisch man dafür nimmt. Im Allgemeinen stammt es vom Schwein oder Rind gemischt, wer es sortenrein haben möchte, muss dies beim Metzger extra anmelden. Der kann auch andere Fleischsorten durchdrehen – ganz wie der Kunde es wünscht. Immer sollte es eher durchwachsen sein, zum Beispiel vom Hals oder aus den Bauchlappen (etwa vom Lamm) stammen – also kein teures Filet verwenden.
Wichtig: Das Fleisch sollte vor Ihren Augen durchgedreht werden. Es sollte absolut frisch sein und sofort verarbeitet werden. Früher hat das bei uns die sogenannte Hackfleischverordnung vorgeschrieben, die jedoch seit August 2007 nicht mehr gültig ist. Seither gibt es Hackfleisch auch im Kühlregal der Supermärkte fix und fertig abgepackt. Trotzdem sollte man Hackfleisch die größtmögliche Aufmerksamkeit schenken. Denn die durch das Zerkleinern unendlich vergrößerte Oberfläche ist ein leichtes Ziel für Bakterien, die sich hier immens vermehren können.
Tipp: Der Metzger soll das frisch durchgedrehte Fleisch in einen Vakuumbeutel einschweißen. So kann man es unbesorgt bis zum übernächsten Tag im Kühlschrank aufbewahren oder sogar einfrieren.

Tschebureki mit Zwiebelmayonnaise

Wenn man Piroggen schwimmend in Öl ausbäckt, dann heißen sie Tschebureki – herrlich knusprige Teigtaschen mit luftigen Blasen, die beim Hineinbeißen krachen. Ursprünglich stammen sie aus Zentralasien und sind während der Zeit der UdSSR auch weiter westlich bekannt geworden. Typisch sehen sie aus, wenn man große Halbmonde daraus formt. Und gut passt dazu eine Zwiebelmayonnaise. Sie wird ohne Ei zubereitet und ist daher ziemlich untypisch für ein russisches Rezept. Aber sie ist viel leichter und bekömmlicher als die traditionelle Mayonnaise.

1 Die Teigtaschen nach dem Rezept (Seite 153) vorbereiten und einzeln in heißem Öl schwimmend ausbacken.

2 Für die Mayonnaise die Zwiebeln würfeln; mitsamt dem in Ringe geschnittenen Grün, dem grob gehackten Knoblauch und der entkernten, gehackten Chilischote in 2 Löffeln Öl andünsten.

3 Die Kräuterblätter zufügen, ebenso die gehäutete, gewürfelte Tomate. Salzen, pfeffern, abgeriebene Zitronenschale und Bockshornklee (Bestandteil jedes Currys; zu beziehen in türkischen Läden) zufügen. Zugedeckt 10 Minuten dünsten.

ZUTATEN
Für sechs Personen:

Zwiebelmayonnaise:
2 junge weiße Zwiebeln
2–4 Knoblauchzehen
1 grüne Chilischote
125 ml Olivenöl
einige Basilikum- und/oder Petersilienblätter
1 kleine Tomate
Salz
Pfeffer
Zitronensaft und -schale
einige Spritzer Balsamico
1 Prise Bockshornkleepulver

4 Dann mit dem Pürierstab glatt mixen, dabei das restliche Olivenöl zufügen. So lange mixen, bis die Sauce dick und cremig geworden ist. Ruhig eventuell noch 1 guten Schuss Olivenöl zusätzlich hinzugeben. Falls die Sauce – durch den Knoblauch – zu dick ist, mit einem Schuss Brühe verdünnen. Kräftig abschmecken, mit Zitronensaft und Balsamico die Säure betonen.

Diese Zwiebelmayonnaise zu den knusprigen Teigtaschen servieren.

Tipp

Auch eine wunderbare Dipsauce, gut auf Crostini und als Grillsauce.

Blinchiki

Das sind duftige, sehr dünne Pfannkuchen. Man kann sie mannigfach füllen – auch süß. Hier bekommen sie eine Hackfleischfüllung, werden dann zu rechteckigen Päckchen zusammengeklappt und vor dem Servieren nochmals in der Pfanne gebraten. Allerdings bleibt in diesem Fall das Hackfleisch nicht roh, sondern wird zu einer Art Sauce, Sugo oder Farce gekocht. Mit einem Salat ein schönes leichtes Essen.

1 Milch, Mehl, Eier und Salz zu einem dünnen Teig rühren. Zugedeckt 30 Minuten quellen lassen. Zum Backen immer nur eine kleine Kelle Teig in das heiße Öl in einer Pfanne gießen. Die Pfanne schnell drehen und neigen, bis der Teig den gesamten Boden hauchdünn überzieht. Auf diese Weise sehr feine Pfannkuchen backen.

2 Für die Füllung die Zwiebeln fein würfeln und im heißen Öl andünsten, dann die fein gewürfelte Paprikaschote zufügen. Gehackten Knoblauch hinzugeben, dann auch das zerpflückte Hackfleisch. So lange schmurgeln – dabei immer wieder das Fleisch zerdrücken sowie salzen und pfeffern –, bis alles krümelig geworden und aller entstandene Saft wieder verkocht ist. Die Senfsaat hineinstreuen, auch das Paprikapulver und die fein gehackte Petersilie. Mit Wein ablöschen und eine kleine Weile schmurgeln lassen. Schließlich mit Essig abschmecken und die Brühe (oder den Weißwein) angießen, damit die Füllung geschmeidig wird.

ZUTATEN

Für vier bis sechs Personen:

500 ml Milch
200 g Mehl
2 Eier
Salz
Öl zum Braten

Hackfleischfüllung:
2 große Zwiebeln
2–3 EL Öl
½ rote Paprikaschote
3–4 Knoblauchzehen
500 g Hackfleisch (gemischt vom Rind und Schwein)
Salz
Pfeffer
2 EL gelbe Senfsaat
1 gehäufter EL Paprikapulver
1 Bund glattblättrige Petersilie
3 EL Weißwein
2 EL Apfelessig
ca. 4 EL Brühe oder trockener Weißwein
1 Eiweiß

3 Jeweils 2 Esslöffel dieser Hackfleischfüllung in die Mitte eines jeden Blinchikis geben. Drei Seiten über die Füllung klappen, dann die letzte Seite so darüberlegen, dass quadratische Päckchen entstehen. Mit Eiweiß zukleben. Nun mit dieser Klebestelle zuerst in das heiße Öl in einer Pfanne setzen und von beiden Seiten braten.

4 Für den Dip die saure Sahne mit Salz, Pfeffer sowie etwas Zitronensaft und -schale glatt rühren.

5 Für das Paprikaöl das Olivenöl mit Paprikapulver sorgfältig verrühren.

6 Das Paprikaöl tropfenweise über die angerichteten Blinchikipäckchen klecksen. Den Saure-Sahne-Dip getrennt dazu reichen.

BEILAGEN
Ein schöner Salat.

GETRÄNK
Ein herzhafter Weißwein mit ausgeprägter Säure, ein Riesling etwa.

Saure-Sahne-Dip:
300 g saure Sahne
Salz
Pfeffer
Zitronensaft und -schale

Paprikaöl:
1 EL Paprikapulver
4–5 EL Olivenöl

Gefüllter Kohlkopf

Überall im Osten liebt man Kohl: frisch oder gesäuert, weiß, grün – wie Wirsing – oder auch Rotkohl. So ein stattlicher Kopf sieht eindrucksvoll aus, wenn man ihn auf einer Platte zu Tisch trägt. Um ihn zu füllen, muss man den Kohl aushöhlen. Man nähert sich dafür am besten von der Strunkseite: Dort kappt man zuerst das dicke Strunkende komplett. Dann schneidet man mit einem spitzen Messer den Strunk heraus und schließlich so viel von den Blättern, dass nur noch eine etwa 2 bis 3 Zentimeter breite Außenschicht stehen bleibt.

1 Den Kohlkopf zunächst so vorbereiten wie oben beschrieben. Die herausgelösten Blätter (ohne die Strunkstücke) sehr fein schneiden und zusammen mit den fein gewürfelten Zwiebeln in 2 Löffeln Öl in einem großen Topf oder Bräter andünsten. Den gehackten Knoblauch zufügen und schließlich den fein gewürfelten Speck mitbraten. Am Ende den Kümmel, den Majoran sowie die gehackte Petersilie untermischen und eine gute Prise Zucker zufügen.

2 Ein Drittel davon herausnehmen und etwas auskühlen lassen. Dann dieses Drittel mit Hackfleisch und dem eingeweichten Brötchen gründlich vermischen, dabei auch die Eier einarbeiten. Den Hackfleischteig mit Salz, Pfeffer und Chilipulver kräftig abschmecken und schließlich in den Kohlkopf füllen. Die Füllung schön aufhäufen und glatt streichen.

ZUTATEN
Für vier bis sechs Personen:

1 großer Weißkohlkopf
2 Zwiebeln
4 EL Olivenöl
3 Knoblauchzehen
75 g durchwachsener Bauchspeck
1 EL Kümmel
2 EL getrockneter Majoran
1 kleiner Bund glatte Petersilie
1 Prise Zucker
700 g gemischtes Hackfleisch
1 eingeweichtes Brötchen
2 Eier
Salz
Pfeffer
Chilipulver
500 ml Brühe
ca. 800 g mittelgroße Kartoffeln

Saure-Sahne-Dip:
200 g saure Sahne
Zitronensaft und -schale
Dill

3 Im nächsten Schritt den Kopf auf das im Topf verbliebene Kohlbett setzen. Die Brühe angießen, den Kohlkopf im 180 °C heißen Backofen (Heißluft; Ober-/Unterhitze 200 °C) zunächst 30 Minuten anbraten. Dann auf dem Kohlbett und direkt um den Kopf herum Kartoffelschnitze so verteilen, dass sie den Kopf stützen und aufrecht halten. Nun bei 160 °C (Heißluft; Ober-/Unterhitze 180 °C) weitere 50 bis 60 Minuten fertig schmoren.

4 Zum Servieren den Kohlkopf entweder im Topf zu Tisch bringen und dort aufschneiden. Oder auf seinem Kohlbett auf eine Platte setzen. Dann in Tortenstücke schneiden, mit dem Schmorsud beträufeln und zusammen mit den Kartoffelschnitzen anrichten.

BEILAGE
Natürlich darf auch hier die saure Sahne nicht fehlen.

GETRÄNK
Dazu trinken wir einen jungen Rotwein, vielleicht einen Plavac aus Kroatien.

Rote-Bete-Salat

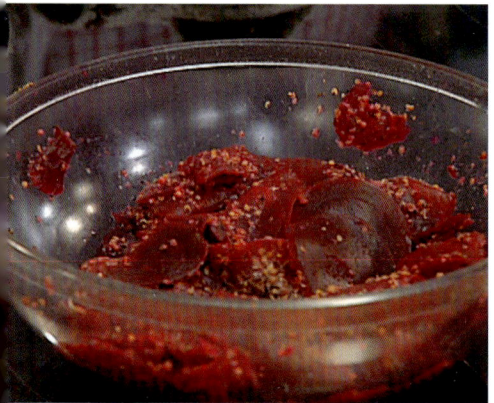

Der gehört einfach zwingend dazu. Rote Bete sind ein weiteres Lieblingsgemüse von der Ostsee bis zur östlichen Adria.

1 Die Rote Bete gründlich waschen, dabei nicht anschneiden, auch Wurzelende und Blattstiele nicht enfernen, weil die Knollen sonst beim Kochen ausbluten und alle Kraft und ihren Geschmack verlieren. In kaltem Wasser aufsetzen und zum Kochen bringen. Die Kochzeit beträgt mindestens 30 Minuten, größere Exemplare brauchen deutlich länger. Sie sind gar, wenn sie sich mit einem spitzen Messer leicht durchstechen lassen.

2 In der Zwischenzeit für die Gewürzmischung alle Zutaten im elektrischen Zerhacker zu feinem Pulver mixen. In einem dunklen Schraubglas aufbewahren. Sie passt zu allen kräftigen Gemüsegerichten – auch zu Weiß- oder Rotkohl.

3 Die Knollen noch warm pellen, auf dem Gurkenhobel in dünne Scheiben hobeln. Auch die Zwiebel in feine Ringe hobeln. Mit der Roten Bete in eine flache Schüssel geben, mit einem guten Weinessig beträufeln und 2 Teelöffel der Würzmischung darüberstreuen. Vorsichtig mischen. Mindestens eine Stunde, besser länger, marinieren. Dann mit Öl mischen und eventuell nachsalzen.

ZUTATEN
Für sechs Personen:

2–3 Rote-Bete-Knollen
1 rote Zwiebel
2–3 EL guter Weinessig
2 EL Olivenöl
Salz

Gewürzmischung für Rote Bete:
1 EL Senfkörner
½ TL Pimentbeeren
je 1 TL weißer und schwarzer Pfeffer
1 getrocknete Chilischote
½ TL Zucker
½ TL Salz

Rote-Bete-Taschen

Mit einem Rest Hackfleischfüllung (vom gefüllten Kohlkopf oder auch von den Piroggen) werden aus einem Teil der Rote-Bete-Scheiben knusprig ausgebackene Rote-Bete-Taschen – ein fabelhafter Happen zum Aperitif.

1 Je 1 Löffel Füllung auf 1 Rote-Bete-Scheibe platzieren, sehr große Scheiben zum Halbmond zusammenklappen, kleinere werden mit einer zweiten Scheibe bedeckt. Damit alles zusammenhält, mit Eiweiß einpinseln.

2 Die Taschen zuerst in Mehl wenden. Dann in mit Salz, Pfeffer, Muskat und einem Schuss Sahne verquirltem Ei drehen. Schließlich in Paniermehl wenden und in heißem Öl schwimmend ausbacken. Auf Küchenpapier gut abtropfen lassen.

BEILAGE
Entweder ein Saure-Sahne-Dip wie zum Beispiel im Rezept „Gefüllter Kohlkopf" oder die Mayonnaise aus dem Rezept „Tschebureki mit Zwiebelmayonnaise".

GETRÄNK
Ein Glas Wein, zum Beispiel ein Sauvignon, der zum erdigen Aroma der Roten Bete passt, natürlich geht auch ein Glas Winzersekt oder ein frisches Pils.

ZUTATEN
Für vier Personen:

ca. 20 möglichst große Scheiben Rote Bete (gekocht, ca. 2 mm dünn)
2 Tassen Hackfleischfüllung
Eiweiß zum Einpinseln

Zum Panieren:
150 g Mehl
1 Ei
Salz
Pfeffer
etwas Muskatnuss
1 EL Sahne
100 g Paniermehl
Öl zum Ausbacken

Ideal für viele Gäste: Geschmortes

Herbstliche Genüsse
Unkomplizierte Schmorgerichte

Wenn die Tage kürzer werden, sind zum Ausgleich die Abende länger – dann lädt man wieder gerne Freunde ein und setzt sich mit ihnen um den Esstisch. Damit die Kocherei nicht zum Stress ausartet, empfehlen wir Geschmortes – denn nichts eignet sich besser für viele Gäste: Einmal in den Topf gepackt, schmort das Essen gemächlich seiner Vollendung entgegen. Und man hat genügend Zeit, den Tisch zu decken. Schmorgerichte sind für Gastgeberinnen und Gastgeber ideal, denn sie machen nicht viel Mühe, jeder mag sie, vor allem, weil sie kraftvolle Saucen liefern.

Das Prinzip des Schmorens
Grundsätzlich ist das Schmoren eine Garmethode, die mit großer Hitze beginnt: Die Fleisch- oder Bratenstücke (man kann natürlich auch Fisch oder Gemüse schmoren) werden zunächst angebraten, sodass sie

rundum Bratspuren zeigen und dort schon mal Röstaromen entwickeln. Dann wird mit Flüssigkeit abgelöscht. Und nun kommt die Sache mit dem Fingerspitzengefühl: Jetzt muss die Hitze so reguliert werden, dass sie die Zutaten langsam durchzieht, aber nicht bedrängt. Dabei sollten die Zutaten von Flüssigkeit umgeben sein, aber nicht darin ertrinken – sonst kochen sie, schmoren aber nicht. Der Topf sollte mit einem Deckel dicht verschlossen sein, denn nur so kann der Dampf zirkulieren, am Deckel kondensieren und auf das Gargut herabtropfen. Und die Hitze darf nicht zu groß sein, weil sonst alles verdampft.

Es gibt sogar eigens spezielle Schmortöpfe, deren Deckel eine Vertiefung haben, in die man kaltes Wasser einfüllt, um diesen Zirkulationsprozess zu fördern oder überhaupt in Gang zu setzen, vor allem, wenn man auf der Herdplatte schmoren will.

Ochsenschwanzragout

Dieses Stück vom Ochsen muss man natürlich rechtzeitig beim Metzger bestellen. Es ist ein preiswertes Teil, das nicht immer in der Auslage liegt. Der Metzger wird den Ochsenschwanz bereits in Portionsstücke schneiden; sie sind unterschiedlich groß, zur Spitze hin verjüngt sich der Schwanz, sodass für Leute mit großem und mit kleinem Hunger gleichermaßen gesorgt ist. Die Gallerte, die die Fleischteile einfasst, sorgt dafür, dass das Fleisch saftig bleibt, und der Knochen, um den das Fleisch sitzt, gibt ihm Kraft und Geschmack. Vorausgesetzt, man gibt ihm genügend Zeit.

1 Die Fleischstücke in einem großen, möglichst breiten Bräter im heißen Öl oder Schmalz auf allen Seiten kräftig und sehr geduldig anbraten. Dabei sofort überall salzen und pfeffern. Zuletzt den Kümmel zufügen.

2 Inzwischen das Schmorgemüse putzen, schälen und in zentimeterkleine Würfel schneiden. Sobald die Ochsenschwanzteile gebräunt sind, herausheben, stattdessen nun das Wurzelwerk anrösten. Das Tomatenmark oder -püree zufügen, kurz mitrösten und mit 1 guten Glas Rotwein ablöschen. Die Fleischstücke obenauflegen, langsam den restlichen Wein angießen. Den Kräuterstrauß danebenbetten. Jetzt alles nochmals kräftig aufkochen, dann den Topf mit einem Deckel verschließen und in den auf 100 °C (Heißluft; Ober-/Unterhitze 120 °C) vorgeheizten Backofen stellen.

3 Bei dieser milden Hitze darf das Ragout jetzt mindestens 3, besser sogar 4 Stunden schmoren. Dabei wird die Gallerte aufgelöst, die das Fleisch saftig hält, die Aromen teilen sich gegenseitig mit, das Fleisch wird mürbe, zart, behält aber Biss.

ZUTATEN
Für sechs Personen:

1 Ochsenschwanz (ca. 2 kg, vom Metzger in Stücke zerteilt)
3–4 EL Olivenöl oder Schweineschmalz
Salz
Pfeffer
1 EL Kümmel
1 Lauchstange
1 Möhre
¼ Sellerieknolle
2 Selleriestangen
1 Zwiebel
3 Knoblauchzehen
2–3 EL Tomatenmark oder Tomatenpüree, eventuell Strattù (sizilianisches Konzentrat aus getrockneten Tomaten)
1 Flasche Rotwein
1 Kräuterstrauß (der grüne Teil von 1 Lauchstange, 3–4 Thymianzweige und 2 Lorbeerblätter)
250 g Schalotten
250 g Champignons
2 EL Butter
2 EL Balsamico
Petersilie

TIPP
Wichtig ist, dass die Stücke rundum kräftig, langsam und geduldig angebraten werden, es sind diese Röststoffe, die der Sauce ihr Aroma geben. Deshalb muss man einen großen Topf benutzen, der ausreichend Platz bietet, die Stücke nebeneinander aufzunehmen.

4 Unterdessen die Schalotten schälen, die Pilze putzen und in einer Pfanne in etwas Butter rundum sanft anbraten. Erst dann salzen, pfeffern, mit Balsamico beträufeln und zugedeckt auf sanfter Hitze 30 Minuten weich schmoren.

5 Zum Fertigstellen die Ochsenschwanzstücke herausfischen und auf einer Platte beiseitestellen. Den Schmorsud jetzt mit dem Mixstab aufmixen, dabei das Wurzelwerk so glatt wie möglich pürieren. Jetzt die Fleischstücke wieder in die Sauce legen, auch die geschmorten Schalotten und Pilze samt ihrem eigenen Saft zufügen. Alles nochmals gut durchwärmen, abschmecken und am Ende die fein geschnittenen Kräuter einrühren.

BEILAGE
Damit man die köstliche Sauce auch richtig gut aufnehmen kann, gibt es zum Ragout hausgemachte Pasta, es passen aber auch Knödel aller Art.

GETRÄNK
Natürlich ein Rotwein – ruhig derselbe, mit dem das Fleisch angegossen wurde. Dieser sollte deshalb nicht zu tanninreich sein – etwa ein fruchtiger Spätburgunder vom Kaiserstuhl, der ruhig ein paar Jährchen auf dem Buckel haben darf. Es kann aber auch ein junger Chianti Classico sein, ein Zweigelt aus dem Burgenland (Österreich), ein Gamay aus der Westschweiz oder ein Beaujolais aus Frankreich.

Geschmorte Schweinsbäckchen

Die Bäckchen sind ein knapp handtellergroßes Stück Fleisch, das sich besonders gut zum Schmoren eignet, weil es von Sehnen durchzogen ist, die bei langsamer Hitze sanft schmelzen und vom Fleisch so aufgenommen werden, dass es dann auf der Zunge zergeht. Auch die Bäckchen muss man beim Metzger bestellen, es ist für ihn dann kein Problem, davon genügend vom Schlachthof mitzubringen. Das Schöne daran ist: Diese Bäckchen haben eine geschlossene Form und lassen sich sehr hübsch servieren. Es sind sozusagen kleine Portionsschmorbraten.

ZUTATEN
Für vier Personen:

ca. 1 kg Schweinsbäckchen
2–3 EL Olivenöl
Salz
Pfeffer
75 g Speck in dünnen Scheiben
je ½ Tasse fein gewürfelte weiße Zwiebel, Möhre, Bleichsellerie und Lauch, 2–3 Knoblauchzehen
1 EL mildes Paprikapulver (edelsüß)
1 TL Senfsamen
500 g Tomaten
500 ml Weißwein
Basilikum

1 Die sauber parierten Bäckchen in einem flachen Topf im heißen Öl langsam rundum anbraten, dabei salzen und pfeffern. Das klein gewürfelte Wurzelwerk dazustreuen und ebenfalls schön anrösten. Auch das Gemüse salzen und pfeffern, am Ende das Paprikapulver darüberstreuen, auch die Senfsaat, und alles gut mischen. Zugedeckt leise etwa 10 Minuten schmurgeln, bis das Gemüse schön weich ist. Erst dann die gehäuteten und gewürfelten Tomaten (mitsamt den Kernen) zufügen.
Achtung: Die Säure der Tomaten verzögert oder verhindert sogar das Weichwerden vom Wurzelgemüse, es lässt sich dann nicht mehr zur Bindung der Sauce verwenden!

2 Erst jetzt auch den Wein angießen, für dessen Säure natürlich dasselbe gilt. Nunmehr das Fleisch zugedeckt 1 ½ Stunden leise schmoren lassen, bis es butterzart geworden ist.

3 Zum Servieren wird die Sauce mit dem Pürierstab aufgemixt und nochmals abgeschmeckt – die Fleischstücke solange herausheben und beiseitestellen. Die Sauce wird durch das Mixen auch ganz ohne Sahne schön cremig.

BEILAGE
Hier passen Nudeln oder Spätzle, auch Kartoffelpüree oder natürlich auch die Böhmischen Knödel.

GETRÄNK
Ein herzhafter Weißwein, eine trockene deutsche Spätlese vom Weißburgunder, etwa aus Franken oder Rheinhessen.

Asienduftender Schweineschmorbraten

Auch in der chinesischen Küche liebt man Geschmortes. Zum Beispiel den gut durchwachsenen Schweinebauch oder -hals, den man in einem Sud aus reichlich Sojasauce, Sherry und Brühe sowie vielerlei Gewürzen – zum Beispiel Sternanis und Orangenschale – langsam gar schmoren lässt.

1 Das Fleisch in einem möglichst genau passenden Topf zunächst im heißen Öl auf allen Seiten anbraten, herausheben und beiseitestellen.

2 Zwiebel, Knoblauch, Ingwer schälen, grob zerkleinern und im Bratfett ebenfalls anrösten. Die übrigen Gewürze sowie den fein gewürfelten Bleichsellerie zufügen, die Flüssigkeiten angießen. Das Fleischstück wieder in den Topf betten und jetzt mit so viel Wasser auffüllen, das alles gerade eben bedeckt ist. Langsam zum Kochen bringen. Sobald der zunächst an der Oberfläche gebildete Schaum wieder verschwunden ist, den Deckel auflegen und das Fleisch auf nunmehr kleinster Flamme zugedeckt etwa 2 Stunden leise ziehen lassen.

ZUTATEN
Für vier bis sechs Personen:

1 kg Schweinebauch oder -hals
2 EL Öl
1 EL Sesamöl
1 Zwiebel
3 Knoblauchzehen
1 Stück Ingwerwurzel von 2 cm
1 daumengroßes Stück Orangenschale (ungespritzt)
2–3 getrocknete Chilischoten
½ Zimtstange
2–3 Nelken
je 1 TL Pfeffer- und Pimentkörner
1–2 Stück Sternanis
½ Stange Bleichsellerie
½ TL Salz
2 EL Zucker
125 ml Sojasauce
125 ml Sherry
Korianderblätter und Frühlingszwiebeln zum Anrichten

3 Den Braten in dünne Scheiben schneiden. Vom Kochsud etwa 250 Milliliter abmessen und um die Hälfte einkochen. Über die Fleischscheiben gießen, mit der Meistersauce beträufeln und mit Korianderblättchen bestreuen.

BEILAGE
Duftiger, lockerer Reis.

GETRÄNK
Entweder ein Pils oder grüner Tee.

TIPP
„Meistersauce" nennt man diesen Schmorsud, von dem stets etwas übrig bleibt und der dann für das nächste Gericht als Basis dient. Dabei wird mit frischen Gewürzen und Zutaten aufgefüllt, und jedes Mal wird die Flüssigkeit konzentrierter, aromatischer. Statt Schweinebauch kann man auch andere Fleischsorten in diesem Sud garen. Lammschulter (ohne Knochen) oder Rinderwade sind bestens geeignet.

Schmorhuhn in Weißwein

Nicht umsonst ist der Coq au vin in Frankreich legendär, es ist ein Klassiker unter den Geflügelrezepten. Der Hahn wird meist in Rotwein geschmort, am Ende fügt man Champignons und Schalotten hinzu, wie wir das beim Ochsenschwanz getan haben.

1 Wir nehmen eine möglichst schwere Poularde, teilen sie in 8 Portionsstücke, entfernen die Haut, die nachher beim Schmoren aufweicht und dann kein großes Vergnügen mehr ist – keine Angst, natürlich wird sie nicht weggeworfen, wie ja in einer guten Küche nie etwas weggeworfen, sondern immer alles verwertet wird. Und statt Rot- nehmen wir Weißwein, der der Sauce eine schöne Frische verleiht.

2 Die Poularde in 8 Portionsstücke schneiden: Zuerst entlang dem Brustbein und dem Rücken halbieren. Dann die Schenkel abtrennen und sie im Gelenk in Ober- und Unterschenkel teilen. Den Flügel schräg mit einem Stück von der Brust abschneiden. Mit der zweiten Hälfte ebenso verfahren. Die Haut überall abziehen. Die Fleischstücke mit Zitronensaft einreiben, zuvor die Zitronenschale hauchdünn abschneiden.

3 Die Haut mit einem scharfen Messer in Würfel schneiden und langsam in einer Pfanne im Olivenöl knusprig ausbraten. Diese knusprigen Würfel auf Küchenpapier abtropfen lassen, das ausgelassene Fett auffangen und als Bratfett verwenden: Hühnerteile in einem breiten Topf darin rundum anbraten, dabei salzen und pfeffern. Die fein gewürfelte Zwiebel und den klein gehackten Knoblauch zufügen. Alles nochmals sorgsam mit Salz und Pfeffer bestreuen. Mit Weißwein ablöschen, der nicht zu viel Säure haben sollte, dafür eine schöne Frucht – zum Beispiel ein Gutedel aus Baden oder ein Pinot blanc aus dem Elsass. Zunächst etwa ein Drittel des Weins angießen, etwas verkochen lassen, dann nach und nach den Rest zufügen. Dazwischen immer wieder zugedeckt sanft schmoren lassen. Den Schmorsud dann in eine Kasserolle abgießen und um mehr als die Hälfte einkochen, bis er das Hühnerfleisch dick überziehen kann.

ZUTATEN
Für vier bis sechs Personen:

1 schwere Poularde von 1,2 bis 1,5 kg
1 Zitrone
1 EL Olivenöl
Salz
Pfeffer
1 Zwiebel
3 Knoblauchzehen
500 ml Weißwein
glatte Petersilie

4 Zum Servieren die geschmorten Hühnerteile auf einer Platte anrichten, mit dem Schmorsud begießen. Am Ende die knusprigen Hautkruspeln und fein gehackte Petersilie darüber verteilen – das gibt Biss und Geschmack!

BEILAGE
Wie in Frankreich üblich, gibt's keine weitere Beilage, es genügt knuspriges Baguette, mit dem man auch noch den letzten Tropfen der würzig-bitteren Sauce aufnehmen kann.

GETRÄNK
Ausnahmsweise nicht der zum Kochen verwendete Wein (zu wenig Säure!), sondern ein charaktervoller Riesling, allerdings auch wieder aus Baden (Ortenau) oder dem Elsass.

Geschmorte Früchte in Rotwein

Auch Obst lässt sich prima schmoren und man hat ohne viel Mühe ein fabelhaftes Dessert. Lässt sich gut vorbereiten.

1 Die Orangen mit der Schale quer in Scheiben schneiden. Äpfel und Birnen schälen, aber nicht zerteilen und den Stiel stehen lassen. Die Früchte mit Zitronensaft einreiben, damit sie schön hell bleiben. Eine feuerfeste Form mit den Orangenscheiben auslegen. Darauf dicht an dicht die Birnen und Äpfel setzen, Stiele möglichst nach oben! Trockenfrüchte, wie Pflaumen und Aprikosen, dazwischen verteilen.

2 Alles mit Zucker bestreuen, Rotwein angießen und schließlich im Ofen bei 180 °C (Heißluft; Ober-/Unterhitze 200 °C) 1 Stunde schmoren lassen. Auch diesen Sud unbedingt dick einkochen und dann die Früchte damit überziehen.

BEILAGE
Die Früchte schmecken lauwarm ebenso gut wie gut gekühlt. Am besten zusammen mit einem Schlag halbsteif geschlagener Sahne servieren …

GETRÄNK
Ein Glas Rotwein, natürlich.

ZUTATEN
Für sechs bis acht Personen:

2 Bio-Orangen
4 Äpfel
4 Birnen
Saft von 1 Zitrone
je 100 g Trockenpflaumen
und Trockenaprikosen
150 g Zucker
1 Flasche Rotwein (ein weicher
Spätburgunder etwa oder
ein fruchtiger Chianti)
Basilikum

Weihnachts-menü

Superlecker, superfestlich
Das Supersteak

Für das Weihnachtsmenü haben ja viele Familien ihre eigene Tradition. Bei den einen gibt's Kartoffelsalat mit Würstchen, bei den anderen die berühmte Weihnachtsgans, Ente oder Putenbraten; wieder andere schwören auf Karpfen, blau oder gebacken. Aber manche wünschen sich jedes Jahr etwas anderes, damit keine Langeweile aufkommt.

Wir haben uns dieses Jahr für ein Supersteak entschieden. So ein richtiges Stück Fleisch – perfekt gebraten, damit es durch und durch saftig bleibt – ist ein wahres Prunkstück für die Festtagstafel. Das ist kein billiges Vergnügen – aber wir sagen Ihnen, worauf Sie achten müssen, damit es trotzdem preiswert, also buchstäblich seinen Preis wert ist! Und wir zeigen, wie es garantiert gelingt – denn es wäre ja jammerschade, wenn so ein kostbares Fleisch auf dem Teller eine traurige Figur macht.

Natürlich gehören zu einem Menü nicht nur die passenden Beilagen für das Hauptgericht, sondern auch eine festliche Vorspeise und ein eindrucksvolles Dessert. Und wenn beides sich gut vorbereiten lässt, vielleicht sogar bereits am Tag zuvor, dann kann man als Gastgeber dem Abend in aller Ruhe entgegensehen.

Tatar vom Räucherlachs mit Avocado und Limettengelee

Den Räucherlachs sollte man beim Fischhändler rechtzeitig bestellen, dann kann er das Stück für Sie in der richtigen Menge frisch von einer Lachsseite schneiden. Was man portionsweise und womöglich bereits in Scheiben geschnitten und abgepackt im Supermarktregal findet, ist meist zu salzig, zu stark geräuchert und schmeckt deshalb lange nicht so gut. Gerade bei Lachs empfiehlt es sich, nach Bioware zu fragen – dann kann man sicher sein, dass keine Antibiotika verwendet wurden und auch sonst alles in Ordnung ist. Wer den Räuchergeschmack nicht mag, nimmt stattdessen Gravad, also gebeizten oder überhaupt ganz rohen Lachs.

Die Avocado sollte man bereits einige Tage vorher kaufen, meist sind sie nämlich steinhart. Sie reifen jedoch bei Zimmertemperatur nach; am besten zwischen Äpfeln, deren Ausdünstung von Ethylen – einem Gas, das die Reifung beschleunigt – für schnelles Reifen sorgt. Man empfiehlt gern, die Früchte zu diesem Zweck einzeln locker in Zeitungspapier zu wickeln – darin vergisst man sie leider gern nur allzu leicht, und wenn die Früchte dann überreif geworden sind, ihr Fleisch innen sich schwarz färbt und Fasern bildet, dann ist es zu spät. Wenn sie auf behutsamen Fingerdruck sanft nachgeben, dann ist ihr Fleisch gerade richtig. Eine Avocado braucht dafür etwa 3 bis 4 Tage – Sie können sie dann auch noch im Kühlschrank 1 bis 2 weitere Tage aufbewahren.

1 Das Limettengelee am besten bereits am Vortag ansetzen: Dafür die Limette mit heißem Wasser abwaschen, dann die Schale über einem kleinen Topf mit dem Apfelsaft abreiben. Die Limette in Segmente schneiden, jeweils den Saft in den Apfelsaft spritzen. Insgesamt 150 ml Flüssigkeit abmessen.

2 Die Chilischote längs halbieren, alle Kerne und die wattigen Innenwände herausstreifen, die Hälften in winzige Würfelchen schneiden – je nach Schärfe alle oder auch nur die Hälfte der Würfel in den Apfelsaft rühren. Den Zucker darin auflösen und probieren: Die Flüssigkeit sollte sauer, angenehm süß und deutlich scharf schmecken. Das Ganze erhitzen, dann die in kaltem Wasser eingeweichte Gelatine in den Saft rühren.

ZUTATEN
Für vier bis sechs Personen:

300 g mild geräucherter
(oder auch Gravad gebeizter) Lachs
1 Naturzitrone (oder Bio)
Salz
Pfeffer
1 Bund Dill
2–3 reife Avocados (je nach Größe sowie Anzahl der Gäste)
1 Handvoll Rucolablätter
für die Garnitur
Salz
Pfeffer
1–2 EL Himbeeressig
1–2 EL aromatisches Olivenöl

Außerdem:
1 EL Olivenöl zum Beträufeln

3 Diese Flüssigkeit auf eine flache Platte gießen, die mit Klarsichtfolie ausgelegt ist; sie sollte ca. 5 bis 6 Millimeter hoch darauf stehen (notfalls eine eckige Frischhaltedose benutzen). Über Nacht oder wenigstens einige Stunden im Kühlschrank fest werden lassen. Dann das Gelee in kleine Würfel schneiden.

4 Den Räucherlachs ebenfalls würfeln, etwa 2 bis 3 Millimeter groß. Mit abgeriebener Zitronenschale (ca. 1 Teelöffel), Salz und Pfeffer sowie fein geschnittenem Dill (einige Blättchen für die Deko aufbewahren) behutsam mischen.

5 Die Avocado längs halbieren, die Schale entfernen, den Kern auslösen. Von den Hälften auf einem Gemüsehobel zunächst die ersten zwei, drei Scheiben abhobeln, jeweils zwei auf Vorspeisentellern so auslegen, dass sie wieder die Avocadoform haben – in der Mitte ein rundes Loch vom Kern. Den Rest der Avocadohälften weiter zuerst in Scheiben, diese in Streifen und schließlich quer in Würfel schneiden. Mit Zitronensaft beträufeln und mit der Gewürzmischung behutsam würzen: Dafür Salz, Pfeffer und Piment im Mörser oder Mixer pulverisieren, den rosa Pfeffer erst zum Schluss untermischen und nur ein wenig zerkleinern.

Gewürzmischung:
¼ TL Salz
¼ TL weiße Pfefferbeeren
4–6 Pimentkörner
¼ TL rosa Pfefferbeeren

Limettengelee:
1 Limette
100 ml Apfelsaft
1 grüne Chilischote
1–2 TL Zucker
2 Blatt Gelatine

6 Die gewürzten Lachswürfel erst unmittelbar vor dem Servieren mit den Avocadowürfeln mischen und in das Loch der Avocado auf dem Teller füllen – dabei üppig aufhäufen und mit einem Dillzweiglein schmücken. Rundum die Rucolablätter verteilen, die ganz kurz in einer Marinade aus Salz, Pfeffer, Essig und wenig Öl gewendet wurden. Die Limettengeleewürfel auf dem Teller verstreuen, eine dünne Linie duftendes Olivenöl über alles träufeln und sofort servieren.

BEILAGE
Knuspriges Weißbrot oder Baguette.

GETRÄNK
Ein üppiger Weißwein, ein Weiß- oder Grauburgunder – etwa aus Franken. Zum Beispiel vom Juliusspital in Würzburg.

Das Supersteak

Zart und mürbe wird ein Steak nur, wenn es von einem gut gemästeten Tier stammt und ausreichend lange abgehangen wurde, beziehungsweise gereift ist. Man kann das sehen: Das Fleisch ist rot, aber eher von dunkler als von heller Farbe, es wirkt dicht, fest und ist von weißen Fettadern durchzogen. Es sollte auch eine Fettschicht aufweisen. Ein T-Bone-Steak zum Beispiel, quer durch den Knochen geschnitten, ist auf der Oberseite umsäumt von festem, kernigem Fett, zeigt auf den Knochen das Roastbeef, auf der anderen Seite das Filet und bringt weit über ein Kilo, auch ruhig doppelt so viel auf die Waage – davon werden vier bis sechs Personen mehr als satt. Und wenn noch ein Kind zu Gast kommt, wird so ein Bratenstück auch noch reichen. Und wie herrlich schmeckt solches Fleisch am nächsten Morgen kalt – also lieber ein zu großes Stück aussuchen!

Worauf es beim Rindfleisch ankommt

Damit das gute Stück seinen Preis wert ist, muss man schon beim Einkauf aufpassen. Wenn Sie einen Metzger Ihres Vertrauens haben, sprechen Sie ihn schon vorher an, sagen Sie ihm, was Sie zum Fest vorhaben, damit er entsprechend vorsorgen kann. Gute Steaks sind ja erfreulicherweise in Mode gekommen, und so tut man sich mit dem Einkaufen nicht mehr gar so schwer. Man kann sogar über das Internet gutes Fleisch finden – einfach einmal die Begriffe googeln: Rindfleisch Superqualität, Bioqualität, marmoriertes Rindfleisch etc. Da gibt es die verschiedenen Schnitte – und je nachdem, für wie viele Gäste das Supersteak gedacht ist, empfiehlt sich ein anderes Stück.

Da sind einmal die Portionssteaks, sie eignen sich für ein bis zwei Personen – je nach Dicke der Scheibe:

- Das **Rumpsteak** stammt aus dem flachen, dem hinteren Teil des Rückens.
- Das **Entrecôte** sitzt weiter vorne, nämlich, wie der Begriff schon sagt, zwischen (entre) den Knochen (côte).
- Beim **Filetsteak** unterscheidet man zwischen den Steaks aus dem vorderen Ende – großes Doppelsteak oder auch **Chateaubriand** genannt –, gleich hinter dem sogenannten Filetkopf, sowie den kleinen **Filets mignons,** die man aus dem sich verjüngenden Schwanzstück schneidet. Die Schwanzspitze nimmt man zum Schnetzeln, für chinesische Gerichte im Wok etwa oder für Bœuf Stroganoff.

Und dann gibt es die großen Supersteaks, die für mindestens zwei, eher noch für drei oder sogar für vier Personen reichen: das **T-Bone-Steak** oder das **Porterhouse-Steak** (mit dem größeren Filetstück), bis zur sogenannten Hochrippe, die als richtiger Festtagsbraten für mindestens vier, auch sechs oder sogar für eine große Gästeschar von acht und mehr Personen geeignet sind.

Tipps für das Gespräch mit dem Metzger

Reden Sie mit Ihrem Metzger, fragen Sie ihn nach der Rasse – berühmt für ihre gute Fleischqualität sind beispielsweise die Charolaisrinder, das Angusrind, nicht nur aus Argentinien, vermehrt auch aus Deutschland, schottische Hochlandrinder, Galloways, das wieder vermehrt gezüchtete deutsche Limpurger Rind „Bœuf de Hohenlohe", die kleinen Hinterwälder Rinder aus dem Schwarzwald, Simmentaler aus der Schweiz, Chiana aus der Toscana – und, und, und. Und dann gibt es noch das sündhaft teure Wagyu aus USA oder das Kobe-Steak aus Japan und Australien – allerdings nur bei ausgesuchten Adressen, auch im Versand.

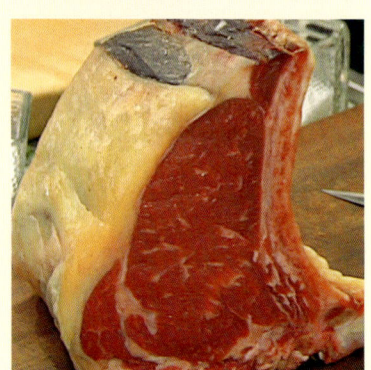

Aber: Wichtiger als die Rasse ist die Herkunft, was das Tier zu fressen bekommt, wo es gelebt hat (auf der Weide oder im Stall), wie alt es werden durfte, wie es geschlachtet und wann es zerlegt wurde und – und das ist wirklich entscheidend! – ob das Fleisch trocken und am Knochen, also nicht zerlegt und im Vakuum, gereift ist und wie lange.

Das ist es nämlich, was Geschmack, Aroma und Konsistenz grundlegend beeinflusst. Den säuerlichen Geschmack, den das Fleisch bekommt, wenn es feucht, also im Vakuum gereift ist, spürt man immer (zum Beispiel am Zahnfleisch!) – mag auch der muffige Geruch bei der Zubereitung verfliegen. Zu lange Lagerung des frisch zerlegten und vom Knochen gelösten Fleischs in der Plastikhülle verleiht ihm einen dumpfen Geschmack, der ein wenig an Leber erinnert.

Trocken gereiftes, also am Knochen luftig im Kühlhaus um die 0 °C, „abgehangenes" Fleisch dagegen weist keinerlei dieser Fehlaromen auf, schmeckt kräftig und eindeutig nach Fleisch, ist saftig und von einer verblüffenden Zartheit.

Wie man ein Steak richtig brät

Es ist schon nicht einfach, das richtige Fleisch einzukaufen – und natürlich hat es leider auch seinen stattlichen Preis. Allerdings wäre es jammerschade, wenn man das edle Stück durch falsche Behandlung ruinierte.

- Gleich nach dem Einkauf sollte man das gute Stück aus seiner Verpackung nehmen, nach Belieben mit Kräutern (Rosmarin, Thymian, Lorbeer, Chili und Knoblauchscheibchen belegen. Fest in Klarsichtfolie gewickelt mariniert es dann im Kühlschrank. Man kann es pfeffern, aber auf keinen Fall salzen! Das entzieht dem Fleisch Wasser und macht es trocken.
- Vor der Zubereitung sollte das Fleisch Zimmertemperatur annehmen, man muss es also wenigstens 1 Stunde vor dem Braten aus dem Kühlschrank holen.
- Sollte das Steak einen Fettrand haben, wird der natürlich nicht weggeschnitten – er sorgt beim Braten für Geschmack! Man sollte ihn aber mehrmals einschneiden – bis zur Sehne, die das Fleisch abdeckt –, damit sich das Fleisch in der Pfanne nicht zusammenzieht.
- Zum Braten am besten eine gusseiserne Pfanne nehmen oder wenigstens eine blanke, also unbeschichtete – die Beschichtung hält eine solche Hitze nicht aus! Die Pfanne zunächst leer auf stärkster Stufe erhitzen. 2 bis 3 Löffel Olivenöl (dies hat unter den guten Ölen den höchsten Rauchpunkt) in die Pfanne geben, es zieht sofort Schlieren und beginnt zu rauchen.

- Jetzt das Fleisch einlegen und auf großer Hitze 1 Minute braten – damit das Fett nicht alles vollspritzt, einen Schutz oder ein Blatt Küchenpapier auf die Pfanne legen. Das Fleisch löst sich nach dieser Minute von selbst, nachdem es zuvor am Pfannenboden festgebacken war. Das Fleisch wenden, die gebratene Seite salzen, die Hitze auf mittlere Stufe herunterschalten und das Fleisch auch auf dieser Seite 1 Minute braten.
- Oder das Fleisch ganz ohne Fett braten: Dafür die Menge Salz in die heißen Pfanne streuen, die das Fleisch als Würze braucht. Das Fleisch darauflegen, nach 1 bis 2 Minuten (sobald es sich vom Pfannenboden löst) wenden, auch auf der anderen Seite braten und im Ofen nachziehen lassen, wie weiter unten beschrieben.
- Jetzt müssen Sie entscheiden: Wollen Sie das Fleisch perfekt, also durch und durch saftig – dieser rote Saft ist übrigens kein Blut, sondern Fleischsaft! –, dann nehmen Sie die Pfanne nun vom Feuer, wenden das Fleisch noch einmal und stellen die Pfanne jetzt in den auf 80 °C (Heißluft; Ober-/Unterhitze 100 °C) vorgeheizten Backofen. Das Steak so 15 bis 20 Minuten (je nach Dicke) ziehen lassen, damit sich die Säfte verteilen können. Ruhig auch länger, wenn Sie es lieber ein wenig mehr durchgezogen haben wollen.
- Falls Sie das Fleisch medium bevorzugen, verlängern Sie die Anbratphase um ½ bis 1 Minute. Und lassen Sie es dann 25 bis 30 Minuten nachziehen.

Eins ist ganz klar: Wenn Sie Fleisch nicht sehr rot mögen, nicht einmal medium, also rosa, dann sollten Sie kein Steak auf den Speiseplan setzen, sondern lieber einen Schmorbraten für Ihr Menü wählen – es wäre schade um das Fleisch, wenn man es durchbraten würde!

Unser Super-Weihnachtssteak

Man kann natürlich ein dickes, großes Steak nehmen, das dann nach dem Braten in Scheiben geschnitten wird und für alle reicht, oder 2 bis 3 dicke Rumpsteaks oder Entrecôtes, die ebenfalls zum Servieren schräg in dünne Tranchen aufgeschnitten werden. Immer ist es besser, möglichst große Fleischstücke zu braten, weil diese einfach saftiger bleiben. Wer das Fleisch lieber eher „durch" mag, bekommt die äußeren Scheiben, wer sie lieber saftig mag, kann die inneren wählen.

1 Das Fleisch wie zuvor beschrieben vorbereiten oder einfach mit Öl eingerieben absolut ungewürzt lassen. Vor dem Braten zwischen zwei Tellern oder in Klarsichtfolie gehüllt Zimmertemperatur annehmen lassen. Wie beschrieben braten und nachziehen lassen.

2 Am besten bei Tisch tranchieren, so kann sich jeder seine Lieblingsstücke aussuchen. Und möglichst auf einem Schneidebrett mit einer am äußeren Rand umlaufenden Rille, die den auslaufenden Fleischsaft aufnehmen kann.

3 Wer eine Sauce wünscht, löscht den Bratensaft in der Pfanne mit Portwein und eventuell der Brühe ab und lässt ihn rasch um die Hälfte einkochen, schwenkt ein Stückchen Butter ein und schmeckt die cremige Sauce ab. In einer Saucière auf den Tisch stellen.

GETRÄNK
Hier gehört natürlich ein großer Rotwein dazu, zum Beispiel ein Spätburgunder von der Ahr.

ZUTATEN
Für vier bis sechs Personen:

1 T-Bone-Steak (ca. 1,2–1,5 kg)
oder 2 Rumpsteaks/Entrecôtes
à 400–600 g
2–3 EL Olivenöl
Pfeffer aus der Mühle
Meersalz (Fleur de Sel)
3–4 Knoblauchzehen
2–3 Thymianzweige

Für eine kleine Sauce:
3–4 cl Portwein
eventuell 1 guter Schuss Brühe
30 g Butter
Salz
Pfeffer
1 Spritzer Zitronensaft
oder Balsamico

Senfrisotto

Würzig und intensiv – den Grad und die Art der Würze hat man als Koch selbst in der Hand: je nachdem, welchen und wie viel Senf man dafür verwendet.

Die Zwiebel sehr fein würfeln, in einem geeigneten Topf im heißen Öl andünsten, die Senfsamen zufügen und mitdünsten. Den Reis untermischen und rundum mit dem Öl benetzen. Den Wein angießen und einköcheln, dann nach und nach die Brühe zufügen. Leise köcheln, dabei immer wieder einen Schuss Brühe angießen, bis der Reis gar ist. Am Ende den Senf, die Butter und den Parmesan sowie gehackte Petersilie einarbeiten und den Risotto noch einige Minuten ruhen lassen.

ZUTATEN
Für vier bis sechs Personen:

1 rote Zwiebel
2 EL Olivenöl
2 gehäufte EL Senfsaat
250 g Risottoreis (Carnaroli)
1 Glas Weißwein
ca. 1 l kräftige Brühe
2 gehäufte EL körniger Senf
1 EL scharfer Senf
50 g Butter
30 g frisch geriebener Parmesan
Petersilie

Radicchio-Fenchel-Orangen-Salat

Sämtliche Zutaten kann man bereits Stunden vor dem Servieren putzen und waschen – unter feuchtem Küchenpapier bleiben sie frisch. Vermischt wird alles jedoch erst unmittelbar vor dem Anrichten.

1 Die Salate in Blätter teilen, den Feldsalat putzen – alles gründlich, den Feldsalat mehrmals waschen. Den Fenchel senkrecht halbieren, dann die Hälften auf dem Gurkenhobel in feine Streifen schneiden. Die großen Salatblätter in zweifingerbreite Streifen schneiden, die Chicoréeblätter schräg in zentimeterschmale Streifen schneiden. Die Feldsalatröschen unzerteilt lassen.

2 Die Schale einer Orange direkt in eine weite Salatschüssel abreiben. Die Zutaten für die Marinade zufügen und mit dem Schneebesen gründlich verquirlen.

3 Beide Orangen mit dem Messer so schälen, dass auch die weiße innere Haut entfernt wird. Die Orangenschnitze mit dem Messer aus ihren Kammern schneiden. Das Weiße der Frühlingszwiebeln in feine Ringe hobeln, das Grün in etwas breitere Stücke schneiden.

Zum Servieren alle vorbereiteten Salatzutaten in der Marinade vorsichtig wenden.

ZUTATEN
Für vier bis sechs Personen:

1 runder Radicchio
1 länglicher Radicchio (Trevisano)
1 Chicoréekolben
100 g Feldsalat
2 Fenchelknollen
2 Bio-Orangen
2 Frühlingszwiebeln

Marinade:
1 EL scharfer Senf
3 EL milder Essig
(Apfel oder Himbeer)
Salz
Pfeffer
2–3 EL Olivenöl

Panna cotta im Glas mit Bratapfelkompott und Pistazienkrokant

Aus dem Italienischen übersetzt heißt das Dessert „Gekochte Sahne" – und genau das ist es auch. Je weniger Gelatine man nimmt, um die Sahne zu versteifen, desto besser ist der Geschmack. Damit man keine Angst haben muss, dass die zarte Speise nicht aufrecht auf dem Teller stehen bleibt, ist es besser, sie nicht zu stürzen, sondern im Glas zu servieren. So kann man sie schon am Vortag zubereiten, auch das Bratapfelkompott steht schon bereit, und am Festabend hat man mit dem Dessert absolut keine Mühe mehr.

1 Für die Panna cotta die Sahne aufkochen, Zucker und abgeriebene Orangenschale einrühren, die in kaltem Wasser eingeweichte Gelatine darin auflösen. In Dessertgläser verteilen – sie sollten nur zu zwei Dritteln gefüllt sein, damit das Kompott noch Platz darauf findet. Anschließend die Gläser kalt stellen.

ZUTATEN
Für sechs Personen:

Panna cotta:
500 g Sahne
2–3 EL Zucker
abgeriebene Orangenschale
2 Blatt Gelatine

Bratapfelkompott:
2 Äpfel (z. B. Elstar oder Rubinette)
Saft von ½ Zitrone
2 EL Zucker
1–2 EL Apfelbrand
oder -likör

Krokant:
3 EL Zucker
50 g Pistazien
1 TL neutrales Öl (auch Avocado-, Mandel- oder Erdnussöl)

2 Für das Kompott die Äpfel vierteln, schälen, das Kerngehäuse herausschneiden, die Viertel quer in Scheiben schneiden. Mit Zitronensaft beträufeln, damit sie hell bleiben. In einer Pfanne den Zucker gleichmäßig verteilen und auf mittlerer Hitze schmelzen und zum walnussblonden Karamell kochen. Die Apfelscheibchen in den Karamell geben, zwei bis drei Minuten köcheln, dabei immer wieder die Pfanne rütteln und aufpassen, dass die Äpfel nicht zu dunkel werden. Vorher mit dem Apfelbrand oder -likör ablöschen. Das Kompott in eine Schüssel füllen und abkühlen lassen.

3 Für den Krokant den Zucker in einer unbeschichteten Pfanne auf mittlerer Hitze schmelzen; sobald er mandelbraun geworden ist, die Pistazien darauf verteilen und rühren, bis sie alle vom Karamell überzogen sind. Dann auf einer mit Öl (süßes Mandel- oder Avocadoöl, aber auch ein neutrales Erdnussöl ist geeignet) eingepinselten Fläche (Backblech, am besten mit Backpapier ausgelegt, oder eine Marmorplatte) verteilen, dabei die Pistazien möglichst flach auseinanderschieben. Abkühlen und aushärten lassen, dann mit einem Nudelholz oder mit einem Fleischklopfer grob zerkleinern.

Zum Servieren das Kompott auf der Panna cotta verteilen, den Krokant darüberstreuen.

GETRÄNK
Etwas Prickelndes passt natürlich immer, auch zum Weihnachtsdessert. Wir fanden dazu einen Nobling Sekt aus dem Markgräflerland absolut köstlich.

Register

Anchovis 105, 133
Äpfel 49, 59, 67, 141, 186
Auberginen 27
Austernsauce 44, 57
Avocados 177

Bärlauch 73
Basilikum 99, 120, 129, 130, 133, 154, 168, 173
Blätterteig 117, 145
Blumenkohl 55
Blutwurst 18
Bockshornklee 20, 30, 31, 32, 33, 154
Bohnen, grüne 22, 133
Bohnenkerne 22
Bulgur 33

Champignons 85, 98, 151, 166
Chicorée 18, 69, 185
Chilisauce 69
Chilischoten 22, 28, 30, 33, 44, 54, 57, 58, 66, 68, 77, 79, 85, 98, 105, 106, 123, 128, 131, 134, 140, 15, 160, 169, 178
Cognac 116
Cornichons 69

Dill 15, 30, 33, 53, 151, 158

Eier 63, 64, 66, 68, 69, 89, 133, 135
Endivie 18, 145
Erbsen 77
Erdbeeren 79, 89

Feigen 110 ff.
Feigensenf 122
Feldsalat 185
Fenchel 185
Filoteig 32, 34
Fisch 15, 73, 87, 130
Fischsauce 22
Forellen 86, 142
Friséesalat 18
Frühlingszwiebeln 27, 69, 77, 98, 131, 140, 169, 185

Granatäpfel 28
Gurken 95, 133

Hackfleisch 17, 20, 22, 55, 66, 148 ff., 156, 158, 161
Harissa 27, 28
Haselnüsse 34, 64, 135
Himbeeren 113
Honig 49, 59, 89, 144
Huhn 33, 42, 44, 57, 131, 171

Ingwer 22, 58, 77, 79, 93, 131, 169

Joghurt 32, 54, 59

Kalbsnieren 128
Kalbsschulter 106
Kaninchenrücken 74
Kapern 69, 105, 129
Kartoffeln 12 ff., 32, 73, 75, 98, 133, 142, 146, 158
Käse 129
Kassler 144, 145
Kerbel 74, 75, 98, 107
Kichererbsen 28
Knoblauchmayonnaise 21
Kokosöl 22, 23
Kokossahne 22
Kopfsalat 120, 133
Koriander, frischer 22, 27, 28, 44, 57, 58, 100, 120, 131, 169
Kresse 69, 74

Lachs 15, 90 ff., 177
Lammrücken 109
Lauch 16, 42, 106, 166, 168
Leberwurst 18
Limetten 49, 177
Linsen, gelbe 33
Lollo rosso 120

Mais 124 ff.
Maisgrieß 127, 129
Mandeln 64
Maracuja 67
Meerrettich 143
Miesmuscheln 53
Möhren 33, 42, 64, 106, 166, 168
Mozzarella 121, 129

Ochsenschwanz 166
Okraschoten 22
Oliven 15, 27, 129, 133
Omeletts 66, 67
Orangen 79, 89, 144, 173, 185

Paprika 30, 33, 54, 58, 69, 133, 156
Parmesan 127, 184
Petersilie 16, 27, 28, 33, 42, 53, 55, 95, 99, 100, 107, 120, 129, 133, 142, 151, 154, 156, 158, 166, 171, 184
Physalis 67
Pilze 57
Pinienkerne 34, 99
Piroggen, polnische 151
Pistazien 34, 64, 186
Polenta 124 ff.

Quark 67

Radicchio 18, 69, 145, 185
Radieschen 74
Räucherlachs 177
Raz el Hanout 20, 29, 32
Rehrücken 77
Reis 23, 42, 45, 57, 77, 170, 184
Rhabarber 79
Rindfleisch 16, 58, 179 ff.
Romanasalat 120
Rosinen 64
Rote Bete 160, 161
Rucola 74, 133, 177

Salzzitronen 41
Sauce béarnaise 88
Sauce hollandaise 80 f.
Sauce maltaise 87
Sauce mousseline 86
Sauerkraut 18, 136 ff.
Schafskäse 32, 66
Schinken 84, 133, 147
Schnittlauch 74, 94, 107, 120, 133, 146, 147
Schwarzkümmel 32, *s. auch* Sesam, schwarzer
Schweinefleisch 105, 168, 169
Sellerie 16, 42, 53, 57, 106, 133, 166, 168, 169
Senf 69, 74, 105, 120, 122, 128, 134, 144, 145, 185
Sesam, schwarzer (Schwarzkümmel) 27, 29, 31
Sesampaste (Tahini) 27, 28
Sesamsamen 58
Sharonfrüchte 67
Sojasauce 22, 44, 57, 58, 68, 77, 93, 131
Spargel, weißer 73, 74, 75, 76, 77, 82, 84, 87
Spargel, grüner 100
Speck 107, 120, 132, 152, 158, 168
Spinat 32, 58, 66, 82, 85
Sumak (Sumach) 29, 31, 33

Thunfisch 133
Tomaten 22, 66, 99, 133, 140, 166, 168
Tomaten, getrocknete 15, 129
Trockenaprikosen 173
Trockenpflaumen 173

Vanilleeis 115
Vanilleschoten 100

Waldmeister 78
Walnüsse 29, 34, 59, 64

Wan-Tan-Hüllen 17
Wasabipulver 93
Weintrauben 67
Weißkohl 158

Yufkablätter 32

Ziegenkäse 120
Zitronen 36 ff., 67, 79, 83, 89, 94, 98, 99, 100, 105, 106, 107, 117, 122, 128, 134, 154, 157, 158, 171, 173, 177, 183, 186
Zitronenschale 42, 48, 55, 64, 66, 67, 74, 78, 79, 83, 85, 89, 95, 99, 100, 105, 117, 128, 130, 134, 142, 151, 154, 157, 158
Zucchini 131

Beilagen
Cremige Polenta 127
Dillkartoffeln 15
Gedämpfte Kräuterknöpfle 107
Gegrillte Polentaschnitten 127
Olivenölkartoffeln 15
Petersilien-Kartoffel-Püree 142
Rahmkartoffeln 15
Salzkartoffeln 14
Senfrisotto 184

Desserts
s. auch Kuchen und Gebäck
Baklava 34
Feigen in Cognacrahm 116
Feigen in knusprigem Ausbackteig 113
Geschmorte Früchte in Rotwein 173
Glasierte Äpfel 59
Mit Vanilleeis gefüllte Feigen in knusprigem Teig 115
Panna cotta im Glas mit Bratapfelkompott und Pistazienkrokant 186
Rhabarberstäbchen mit Erdbeersalat 79
Süße Omelettrolle mit Früchtequark 67
Zabaione 89
Zitronentarte 46

Fischgerichte
Fisch mit Sauce maltaise 87
Fischfilet in knusprigem Brotmantel 130
Forelle auf Sauerkraut 142
Forelle mit Sauce mousseline 86
Gebratener Spargel mit Fisch 73
Japanisches Sashimi 93
Lachscarpaccio mediterran 94
Lachskoteletts auf Kartoffelschnee 98
Lachsschnittchen mit Vanilleduft 100
Lachstatar mediterran 95
Miesmuscheln in Weißwein 53
Pasta mit Lachs 99

Fleisch- und Wildgerichte
Asienduftender Schweineschmorbraten 169
Blinchiki 156
Brühkartoffeln 16
Gefüllter Kartoffelauflauf 18
Gefüllter Kohlkopf 158
Geschmorte Schweinsbäckchen 168
Kalbsnierchen in Senfsauce 128
Kalbsschmorbraten in Weißwein 106
Kassler mit Honigduft auf Sauerkraut 144
Lamm am Stiel 109
Ochsenschwanzragout 166
Philippinischer Kartoffel-Hackfleisch-Topf 22
Polnische Piroggen 151
Rind mit Zwiebeln, Spinat und Paprika 58
Salat aus rohem Spargel mit Kaninchenrücken 74
Schweinefilet mit Olivencreme 105
Spargel aus dem Wok 77
Tschebureki mit Zwiebelmayonnaise 154

Geflügelgerichte
Bulgur mit Huhn und Gemüse 33
Chinesisches Zitronenhuhn 44
Hähnchen mit Stangensellerie und Pilzen 57
Maiskölbchen mit Hähnchenbrust und Zucchini 131
Schmorhuhn in Weißwein 171

Gemüsegerichte
Blumenkohl-Auflauf 55
Spargel mit Kartoffel-Kerbel-Püree 75
Spinatgratin mit Champignons 85

Getränke
Alkokolfreie Apfel-Sangria mit Zitrone 49
Maibowle 78
Paprika-Lassi 54
Türkischer Kaffee 35
Zitronenlikör 47

Grundrezepte
Cremige Polenta 127
Gegrillte Polentaschnitten 127
Sauce hollandaise 83
Sauerkraut gedünstet & gekocht 141

Imbiss
s. auch Vorspeisen
Chinesische Tee-Eier 68
Knusprige Kartoffelbällchen 20
Röstinchen 146
Rote-Bete-Taschen 161
Sauerkrautpastetchen 145
Schinkenröllchen mit Sauerkraut 147

Kuchen und Gebäck
s. auch Desserts
Gestürzte Feigentarte 117
Maiskekse mit Haselnüssen 135
Oster-Gugelhupfe 64
Zitronentarte 46

Salate
Maiskörner in buntem Salat 133
Osternest aus Engelshaar 69
Radicchio-Fenchel-Orangen-Salat 185
Rote-Bete-Salat 160
Salat aus rohem Spargel mit Kaninchenrücken 74
Sauerkrautsalat 140

Suppen
Griechische Zitronensuppe 42
Sauerkrautsuppe 147
Spargelsuppe 75

Vorspeisen
s. auch Imbiss
Auberginenkaviar 27
Crostini mit Feigen und Mozzarella 121
Feigen mit Schinken 120
Gefüllte Polentaknödel 129
Gefüllte Teigblätter 32
Japanisches Sashimi 93
Kichererbsencreme 28
Knoblauchpaste 29
Lachscarpaccio mediterran 94
Lachstatar mediterran 95
Paprikacreme 30
Tatar vom Räucherlachs mit Avocado und Limettengelee 177

KOCHEN MIT

DIE BÜCHER AUS DER TV-KÜCHE VON MARTINA

EINFACH DAS BESTE!

208 Seiten, Laminierter Pappband
ISBN 978-3-8025-1678-8

€ 22,– (D) / € 22,70* (A) / sFr 38,90*

KOCHEN MIT LEIDENSCHAFT

208 Seiten, Laminierter Pappband
ISBN 978-3-8025-3524-6

€ 22,– (D) / € 22,70* (A) / sFr 38,90*

ALLES, WAS WIR MÖGEN

208 Seiten, Laminierter Pappband
ISBN 978-3-8025-3600-7

€ 22,– (D) / € 22,70* (A) / sFr 38,90*

LEIDENSCHAFT

MEUTH UND BERND NEUNER-DUTTENHOFER

20 Jahre TV-Küche

RICHTIG GUT KOCHEN!

208 Seiten, Laminierter Pappband
ISBN 978-3-8025-1753-2

€ 22,– (D) / € 22,70* (A) / sFr 38,90*

DAS BESTE VON MEUTH & NEUNER-DUTTENHOFER

208 Seiten, Laminierter Pappband
ISBN 978-3-8025-1752-5

€ 19,95 (D) / € 20,60* (A) / sFr 35,50*

GANZ NACH UNSEREM GESCHMACK

208 Seiten, Laminierter Pappband
ISBN 978-3-8025-3662-5

€ 22,– (D) / € 22,70* (A) / sFr 38,90*

www.vgs.de

EGMONT Verlagsgesellschaften — vgs